出土文獻綜合研究專刊之十六

秦漢簡牘系列字形譜

八

主　編　張顯成
副主編　王　丹　李　燁
編撰人員　張顯成　王　丹　李　燁
高　魏　劉國慶　雷長巍　滕勝霖
高　明　楊艷輝　陳榮傑　趙久湘

中華書局

目録

分譜之十二　敦煌漢簡字形譜

第十一　水部——非部

分譜之十三 額濟納漢簡字形譜

第四　目部——角部

分譜之十二

敦煌漢簡字形譜

説明

一　本字形譜所收之字源自中華書局一九九一年六月出版的《敦煌漢簡》一書的圖版，含簡二千四百餘枚（包括殘簡）。

二　字頭共有單字一千一百五十個，合文一個。

三　辭例所標出處悉依《敦煌漢簡》一書：數字表示簡號，例如：「127」表示第127號簡。數字後的「A」「B」「C」「D」等表示多面簡（含觚）的不同面，例如：「6A」「6B」分別表示6號簡的正面、背面，「639A」「639B」「639C」「639D」分別表示639號觚的第1、2、3、4面。

單字

第一 一部——茻部

0001

一

一部

一

799

350 食麥~石

1041 弩帾~

793 名籍~編

685 ~煙

218 事‖罰平~石

1975A 書~封

2165 四石~斗

1721 傷右古~所

41 第~輩

22A 從府貸~斛

834A ~石八斗

2089 永平十~年

1934 自出~

998 名藉~編

563B 善者~兩

0002

元

105

551 ~始二年四月壬午

1925A 天鳳~年

545 ~年十月

1108A ~始五年十二月

545 高望部~始

795 ~始三年七月

769 永光~年

1778 五鳳~年

793 ~始三年四月

532 ~始二年

1854 地皇上戊~年

522 ~始四年

796 元康~年

1960 張季~付

1859 元始~年

1859 ~始元年

1642 五鳳~年七月

195 河平~年中爲侍郎

624A 居攝~年九月

1960 ~和四年

564 府~二斤

0003

天

62

1448C 毋責~地

2253 ~門俠小路

2141 部中~田

0004

吏

181

1035B 明隧～田五里

1448B 蒼蒼之～

1448B 自致～子

1894 始建國～

187 始建國～鳳元年

1305 極知～寒刺史

1584 若干人晝～田

2165 ～漢三年

179 始建國～鳳三年

1714 六人晝沙中～田

1968B ～李

142 建國～鳳

127 必蒙～右期殄滅

52 誠恐誤～時

99 始建國～鳳

2162 ～田上

1161 士～義敢言之

287 樂士～牛黨

545 十月～妻子

551 御～

2095 凡爲～三歲

27 士～延壽

2415A ～江涼相拊授

285 大煎都士～牛

1373 嚴教～卒

696 明告部～

2183 宜禾塞～

2281 良都～

135 ～士饑餧

2322 調從～白

144 都護諸部～

280 書～胡豊私從者

971 求至省減～士稟分

53 欽將～士

上部

0005 重

上

91

1473 亭～深

1358 眾八千人以～

1361A 五百騎以～

43 ～責

256 ～□府

614 新始建國地皇～

129 與將率比～書

51 ～急責發河西三郡

2187B 不在五丈～

987 待界～

2257 五百人以～

812 發壂亭～

0006 重

下

144

521 輒～蕉

1356 陛～哀憐之

1421 ～□□重門閉屯

1182 ☐～

813 外垣～足

63 故～

521 毋～蕉

521 如次亭未～蕉

933 稚公足～

812 受壂亭～

769 ～當用者

974B 詫檄檢～

1160 張～千人

1448B 拜請翁糸足～

示部

0007

示

3

415 以～左率

723A 南方□適足～

2402A 前目～

三部

字頭	小篆	字數	字形	出處
0008 福	福	10		693 以給千人令史□～
				1367 中部士吏～
0009 神	神	26		1186A ～爵四年
			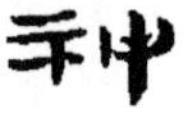	1161 ～爵二年
				1791 ～爵四年
0010 齋	齋	4		1135 ～效卒持葛橐來
				1385 己未卒～矦
0011 祖	祖	1		2425 卒郭彭～
0012 祠	祠	2		499 ～律
0013 社	社	7		217 ～日
				218 賣～下賤平所
				364 黍米二升爲～
0014 禁	禁	1		1845 ～毋出兵

0015 三

三

443

236B 積～日

371 ～朝

285 麥小石十～

532 二年～月

792 從人～萬

793 元始～年

1409B 第～

1808 本始六年～月

318A 出米～斗

385A 六石臬長弦～

318B 出米～斗

285 居聑～年

1464A 買布～尺五寸

361 三石～斗

143 積九日乃到～節

998 五鳳～年

1784 干庠呼～百

2160 凡斲千～百

王部

0016 王

王

90

239A ～子春家車

1161 ～夫人自言

1847 從卒～少曼

348 況從者大男～欽

62 軍～游君

2394A 受～孟堅書

2394B 受～孟堅書

1008 河〃池〃里～育

785 富成妻侍～

526 候長～習

1294 御～

1401 ～賓

2322 玉門丞犯□□～仿

361 亭長～春卿

1412 魯～毋以應

257 ～晏

624B 卒～

0017

皇

15

1448A 謹視～大

1448A 制詔～大子

614 新始建國地～

玉部

0018

玉

96

1974 ～門官

1186A ～門千秋隧長

672B 調行～門

624A
~門關候

1057B
~門候長

795
~門大煎都

1898
~門候造史

1254
謂~門候官

1261
效穀得~里

1867
~門當谷隧

1824A
~門顯明隧

32A
~門千秋隧

1857A
~門廣新隧

1856A
~門廣新隧

570A
~門千秋隧

2356C
~玦環

1881
~門官亭

532
~門轉一兩

0019

玦

1

2356C
玉~環

0020

珥

2

705
~一具

0021

理

3

567
雲氣將出濕有~

1448A
以~存賢近聖

0022
珍

2

2126
平望候長刑～

0023
珠

2

2356C
璧碧～璣玫瑰瓛

0024
玫

2

2356C
璧碧珠璣～瑰瓛

0025
琅

1

2356B
繫臂～玕虎魄龍

0026
玕

1

2356B
繫臂琅～虎魄龍

士部

0027
士

97

113
所部遣吏～

135
吏～饑

287
欒～吏牛黨

2155
癸酉騎～十人

47
中軍募擇～

981
驅驢～

58 功卿與同心～

53 欽將吏～

1448A 必聽調～

285 大煎都～

27 ～吏延壽在所

1161 ～吏義敢言之

696 毋得復賣及□～吏

0028

壯

壯

3

538 爲人中～

774 丁～相佻柰老何

丨部

0029

中

中

125

1418 皆在安定椎～田

1457A 博～高

1454 董～（仲）卿

538 爲人～

981 城～莫敢道

1815 ～晝舉

1963B ～公伏願少□

1409A ～子對曰

2141 言□□□部～天

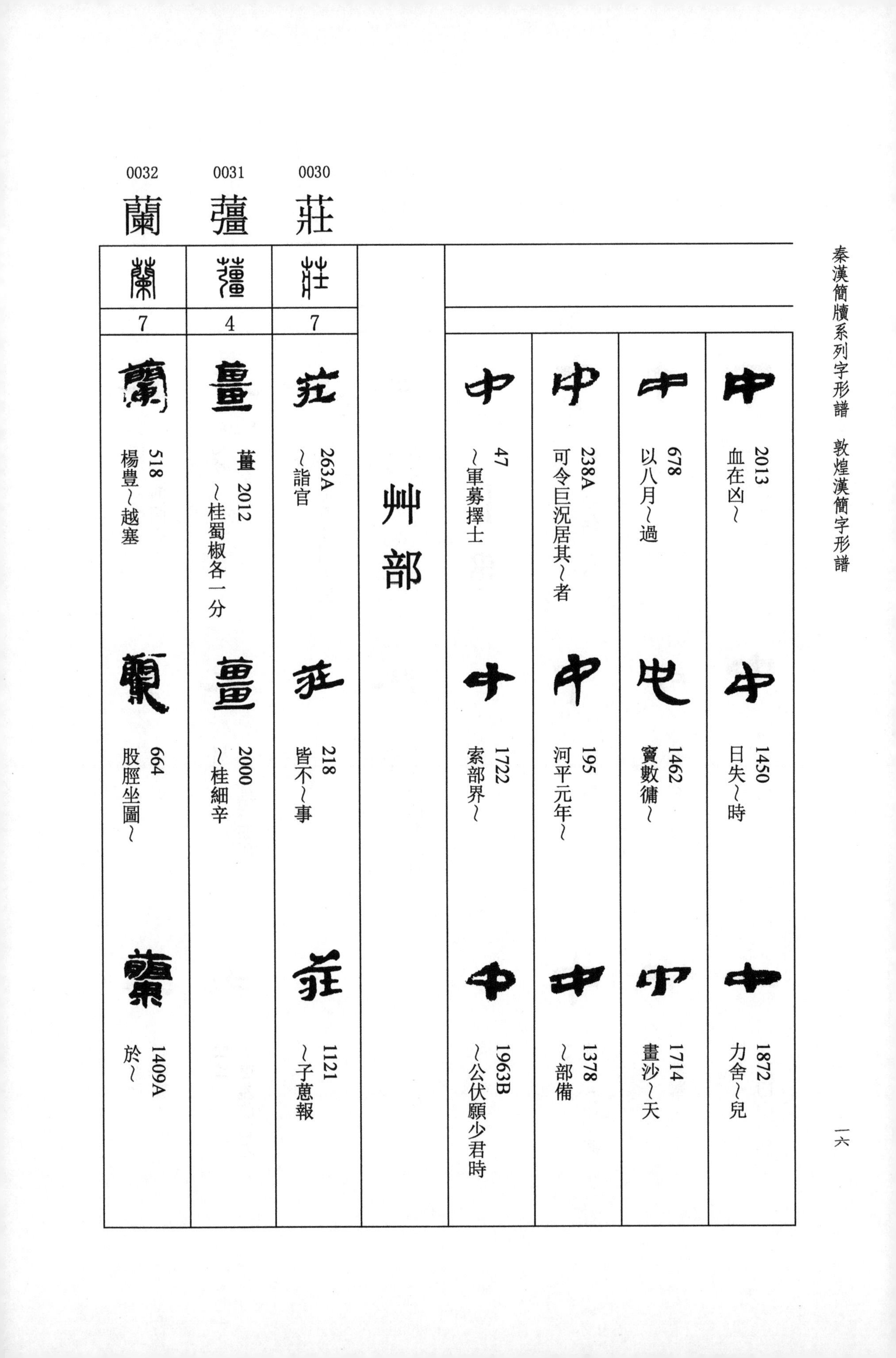

2013 血在凶~
1450 日失~時
1872 力舍~兒

678 以八月~過
1462 竇數徧~
1714 畫沙~天

238A 可令巨沉居其~者
195 河平元年~
1378 ~部備

47 ~軍募擇士
1722 索部界~
1963B ~公伏願少君時

艸部

0030 莊 7
263A ~詣官
218 皆不~事
1121 ~子蒽報

0031 薑 4
薑 2012 ~桂蜀椒各一分
2000 ~桂細辛

0032 蘭 7
518 楊豊~越塞
664 股脛坐圖~
1409A 於~

0033 薛　6
- 1971 ~用思
- 334 威嚴卒~由

0034 苦　16
- 1448D 甚~候望事
- 239B 自~耳
- 1963A 甚~事

0035 茅　1
- 174 俟~土

0036 蒲　14
- 497 崇季父~反令覺
- 1975A ~書一封
- 2377 爲計~
- 2213 入西~書一封

0037 茈　1
- 2012 ~宛

0038 蒹　1
- 8 ~棓廿

0039 葛　3
- 1135 齋效卒持~
- 1147 ~囊

0040 苽

2

1462 曰書人名姓趙～

1463 曰書人名姓趙～

0041 萌

3

1898 龍勒周生～

1901 周生～白

0042 茂

2

222 男庶人吉助～

0043 蒼

18

1460A ～頡作書

1448B ～〓之天

1461A ～頡作書

1459A ～頡作書

844 ～頡作書

2130 猶黑～

0044 萃

1

1788 ～然相黨

0045 苑

1

1144 敦煌對～

0046 藥

7

2034 冶～以和膏

1823 顯明隧～函

0047 若 (31)	0048 茭 (18)	0049 莝 (2)	0050 苣 (13)	0051 薪 (18)	0052 重 折 (10)	0053 莎 (1)
218 ~塗墿社	1151 伐~	811 一人~	685 夜一~火	1276 積~	1925B 兵完~傷簿	1927 以食使~
2257 ~功亭章鄣	1401 王賓~		1569 ~火一通	238A 卒作治積〓~〓	1925A 兵完堅~	
1584 ~干人			2257 二~火	803B 言卻適卒取~	1649 鳩尾~	
486 ~不相信						
203 械逮□~						

0054 葦　62

1028 郭縱病葦葦葦葦～

1028 前都鄣卒郭縱病～

1028 郭縱病葦葦葦～

0055 葭　1

43 馬但食枯～飲水

0056 蒙　8

2253 從恣～水誠江河

127 必～天右期殄滅

0057 范　8

1462 趙茋韓碭～鼠

798 從者～大孫

1463 趙茋韓碭～鼠

0058 蓬　27

1838 兵曹書佐～卿

2257 晝舉亭上～

0059 草　13

1060 白～各一分

2004 石南～五分

1605 ～塗關內屋

206 校食枯～

0060 萅　27

1963A 春～時不

1962B ～時不和

1448B 方～不和

642 願子～慎衣

0061 新　薌

1

1409A 复莫～於

0062　著

3

81 功效已～

172 橐絮～自足止

0063　董

21

1455B 董董～

1455B 董～董

1455B ～董董

1009 ～獲伐射大騰

1329A 王尊記詣～子文所

1044 臨澤候長～賢

茻部

0064　莫

32

981 城中～敢道

177 當應時馳詣～府

2220A ～宿步廣

1409A ～樂於温

238B 朝～食飲

第二　小部——冊部

小部

0065 小

75

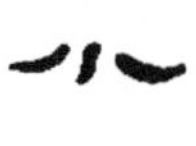
661 寬忍愚～人細

1730 桂兩端～傷各一所

532 ～石卌八石七斗五升

2253 天門俠～路彭池

486 ～昆彌卑爰疐

285 麥～石

1990A 辟～人

1147 葛囊大～十

1860 月～

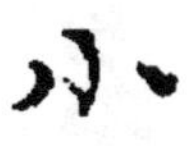
238A 冬時恐內～

241 不審～奴

0066 少

73

532 ～十一石七斗五升

285 ～不滿車

2165 大石四石一斗～

43 ～罷

283 字～平

1859 錢～千八百一十

1962B 年伏願子和～公

1962A 甚聞子和～公毋

八部

0067

八

八

274

1186B 勞三歲～

532 小石卌～

2075 今力四石六十～斤

770 居聑二年～月

116 妻計～

1650 人反十～束

1960 元和四年～月

1144 年十～

1166 齒～歲

1717A ～日己酉

618A 凡百～十二頭

1859 王子錢少千～百

366 六月餘斧刃～

311 入粟靡桼十～

2220A 月～日

672A 十～日

1968A 十～日庚午

0068 分

36

563B 人參十～

2011 參～償和

1060 白草各一～

2189 大晨一～盡時

2012 烏喙十～

2012 各一～

0069 曾

5

1448 加～腞在善禺

2013 ～載車馬驚隋

0070 尚

21

639A 縈靡～

244A 兒～叩頭白記

269 ～官宏代樊歆

770 廣武候長～敢言

1799 凌胡卒～常安

1300 ～書臣昧死以聞

0071 介

2

2180 受宜禾臨～卒

0072 公

61

2401A 伯先長～湌食

1962B 年伏願子和少～

1186A 武安里～乘吕安漢

1962A 年伏願子和少～

1963A 中～伏地再拜請

944 如昌里～乘魏護

0073 必

20

1813 ～毋忽

226 曰聞始～

198 都護令史～

1448A ～聽譋士

127 ～蒙天右期殄滅

1557 毋～

696 有者～坐

1135 ～毋亡也

1972A 勉力務之～有憙

2187B ～坐

0074 余

5

837 人～（餘）一升

831 ～（餘）二斗八升

1053 ～（餘）廿七石四斗

半部

0075 半

25

349 石八斗八升～升

563A 董一～

1854 百桼十桼日～日

350 一石八斗八升～升

283 轉一兩～兩

318B 出米三斗～

1918B 八十一石五斗七升~

牛部

0076 牛 37

- 287 樂士吏~黨
- 285 大煎都士吏~黨
- 25 上~康
- 246 ~肉百斤
- 1168 不移轉~
- 618A ~凡百八十二頭
- 780A 君偉所賜死~肉
- 1166 ~一黑

0077 牡 8

- 536 騅~
- 1124 騅~
- 2018 騩~

0078 犗 3

- 785 出黑~牛
- 1166 犅~耳

0079 犖 1

- 1166 犅~犗耳

0080 牢

1

225 前付~掾張裏

0081 物

21

620 即前~故

1934 其四人~故

1685 人畜車兵器~

1759 人畜車馬器~

169 以故多病~故

135 馬畜~故什

告部

0082 告

47

42 遺槖佗馳~之

521 人走傳相~

263A 官~

1849A 官~顯明隧

1135 李君房記~成君

696 明~部吏

1135 李君房記~成君

2035B 令敢~卒人

235 教言~掾

235 謹奉~矣

1448B ~後世及其孫子

1896 令宜爲檄~賈史

口部

0083 口

7

- 2284B 在～丗
- 116 妻計八九十～

0084 吞

8

- 2221 ～胡東部候長
- 2030 以一丸～之

0085 呼

8

- 2171 干庌～
- 1784 干庌～
- 1784 丗七羽敝干庌～

0086 名

40

- 981 ～曰勞庸
- 1448B 滅～絶紀
- 793 御器戍卒～籍一編
- 61 ～曰行部
- 1972A 羅列諸物～姓字
- 2325 而傳不～取卒
- 784 變～易爲羊翁
- 1985 當稾者人～
- 808 右部有能者～
- 2309A ～邑縣
- 1547 詔所～捕
- 1462 曰書人～姓趙茈

0087 君 128

- 399 何~治
- 662A 馮黨書幸致~
- 2337B 居衡~家
- 2337B 病使~徙
- 350 賀妻大女~經
- 2013 恩與惠~方
- 1135 告成~
- 34A ~卿急
- 1871 幼卿~明足下
- 1145 護妾~林
- 2188 願~仲辯
- 2188 願~仲辯
- 1871 大守任~
- 62 軍王游~
- 1135 李~房記
- 667 ~明治
- 1930 尹~所遣史宜
- 1897 ~之常有

0088 命 16

- 667 哀憐全~
- 123 馬以食爲~
- 135 人以食爲~

0089 召 13

- 177 將軍令~
- 1559 逐~亡吏卒

0090 問

28

- 496A 書而召幹備~之
- 225 ~
- 2390 陳槐自~
- 1365 ~吏卒凡知令
- 488A 從願爲~所
- 725 衆驗~謹曰

0091 唯

25

- 176 死罪死罪~
- 237 ~爲
- 488B 迢~勿令
- 127 崇叩頭死〃罪〃~

0092 和

29

- 1962B 年伏願子~少公
- 1962A 年伏願子~少公
- 1962A 奉聞子~少公毋
- 1448C 方春不~
- 1962B 中公記進羹子~
- 486 ~親共治國
- 2012 皆合~以
- 2034 冶藥以~膏
- 1962A 甚聞子~少公毋
- 1962B 春時不~
- 2146 即擧表皆~
- 1960 元~四年八月

0093 哉	0094 咸	0095 吉		0096 周	0097 唐	0098 各	
2	2	16		16	3	60	
2142 可不冒～	314 以給卒耿～三月食	222 元夫與～共摎殺	222 男庶人～助茂縛秉	311 龍勒三官掾～生期	639C ～美	2356A 鏡斂踈比～有工	1985 ～如
		2367A 東南鄉辰～	1595 丞～下中二千	1836 游敖～章		1060 白草～一分	1868 曲旃緹紺胡～一
		2367A 多鄉辰～十一月	330 私屬～	1972B ～千秋		2146 ～謹候北塞隧	1961 卒史秩～百石

0099 哀

8

1929
~如牒勑

1365
~明白大扁書市

667
君明治~憐全命

656
~憐吏

1356
陛下~憐之

0100 叩

149

176
~頭

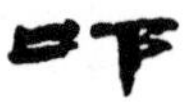
194
崇~頭叩頭

194
崇叩頭~頭

1983
寧尊~頭

1971
□書□~頭言

244A
皃尚~頭白記

26
~頭

1975A
~頭死罪

2255A
憲~頭

145
臣厶~=頭=

186
~頭

242A
原匡~頭

1160
~頭

158
厶~頭言

1002B
舍~

243A
~頭再拜白

125
崇~頭死罪

189
~頭

127 祟～頭死罪死罪

叩部

0101 嚴
嚴 19

200 ～訶

683 字子～

1161 當責威～隧

0102 單
單 21

1144 ～繻復繻

1886 ～衣一

1144 ～衣中衣

540 ～衣一領

122 ～糧食

135 糧食～盡

走部

0103 走
走 10

2098 趨～病狂

521 人～傳相告

1219A 亭次～行

0104 越
越 3

1412 爲王擊吴～不道者乎

518 楊豐蘭～塞

0105

起

起

44

1448A 衆不復～

2289 雨～江海

42 即聞第一輩～居

237 知～居

243B 來人聞～居

7A 頃～居得毋有它

792 購錢人五萬～

0106

趙

趙

34

2394B 朱虎付～羌

1972B ～孺卿

1864 廣新隧長～豊

551 付御吏～宏

332 臨要卒～立

止部

0107

止

止

21

521 輒下蘸～煙火

521 次亭未下蘸～煙火

2259B 破胡～姦隧

50 舍宿營～宜

1411A 忘女所罷～期

624B 杜彭行付～姦卒

0108

歬

104

前 244A 又～欲遺

2337A 未及至～

1457B 事～後

1455A 幸甚宜數至～

776 捐之道丈人～

2324B 言～

236A 田子淵坐～

7A ～普所寄弓及窐

1464B 凡九斛～

40 ～去時

130 ～賁又

2402A ～目示

0109

歸

27

2390 求乞近假～

244B 代〻到得～

502 已不～之耶

88 願降～德

步部

0110

步

49

2220A 莫宿～廣

1151 受～廣卒九人

1281A ～廣□

0111

歲

38

283 大煎都～昌候史尹

1854 敦德～廣尉曲

1272 ～廣候官破虜

1186A 勞三～九月二日

1186A 年卌七～

1186B 勞三～八月二日

194 初～正月

2018 齒十四～

2095 凡爲吏三～六日

此部

0112

此

21

47 ～欲大出兵之意也

58 ～近謂第一部

235 人俱到～

1448B 道～絶矣

正部

0113

正

66

615 會～月十日

194 初歲～月

311 ～月癸亥

803A
~月己亥

693
~月己

99
天鳳三年~月

1685
會~月三日

2175A
建武廿六年~月

2175A
入~月食穬麥三石

548
~月食

614
地皇上戊三年~月

0114
乏
12

2390
糧食常有玄~

780B
~謹承教續

244A
食盡~

辵部

0115
迹
29

1742
壬申日不~

1645
不~八日

1763
東~

1378
~甫行

0116
迋
7

徒 1985
~及守狗當稾者

2089
富貴~尹當

0117 隨 9

- 173 馬誰使～養視之
- 515 ～窳後澤不種

0118 適 30

- 571A 察～隧戍卒穎
- 130 ～千里也
- 803B 卻～卒取薪

0119 過 33

- 2253 難～
- 678 中～
- 2142 以時～
- 55 所～
- 202 ～惡未
- 803B ～顯明

0120 進 15

- 779 ～酒
- 2390 ～言
- 1962B ～御酒食
- 1962B ～書
- 1962B ～羹子和

0121 造 18

- 1361A 賜爵少上～
- 2190 除爲萬歲候～史

0122 還 5

- 800 翟奉就～龍勒
- 71 送致～所
- 618A ～沙

0123 逆

12

49 ～虜

1179 則～震五穀

1179 則～根傷生

2012 治久欬～

0124 逢

12

983 亭鄣～

2279B 明～火

2279B 謹候望～

1896 令～檄還

0125 通

43

1276 火不西～

2191 來西～

62 任巨～

2033A 文～田

2215 ～到

0126 遷

7

246 氾～

696 吏～

0127 運

3

1151 ～積蒙

812 二人～鑿

0128
還

19

521 ～去

521 未～

43 欲～

116 ～出

1896 檄～

0129
送

31

178 將=軍=遣～之

2238 ～者姓名

102 ～食違常

1378 ～稾卒人言

0130
遣

52

178 將=軍=～送之

246 ～史

1992 ～詣

1467 及～

1365 ～都吏循

160 自～

116 ～吏

0131
逮

2

2390 ～進言

0132 遲

1

176 留～

0133 連

5

639B 夏～

92 ～戰

0134 逋

1

102 ～不以時到

0135 追

4

521 都尉出～未還

137 ～逐

987 待界上從～

0136 逐

6

1559 ～召亡吏卒

137 追～

0137 近

20

58 此～謂第一部

238B 與左伯相～

174 爲寒～衣裘

2390 求乞～假歸

2390 ～日陳櫰自問

1962B ～衣進御酒食

1448A 存賢～聖

0138
迫

11

7A ～不及

493 小吏打～倉達

238A 宜且助力不～

0139
遠

23

1787 ～所

703A 道～

130 ～十一月晦

1780A ～候朢

0140
道

37

703A ～遠

1412 ～者

981 敢～

1972A 請～其章

1448B ～此絶矣

1788 以驩～

1860 行～

2279B ～者

160 政～

130 新～

0141
邊

10

邊 1962A 年直居～候朢

1374 ～兵重兵

1974 ～塞卒戍

0142 新 迢

1

488B ~唯勿令

彳部

0143 德

52

246 敦~尹

2044 長~

1854 敦~

1751 霸~

42 ~義

226 敦~

0144 復

46

1693 反~百八十八里

1448A 眾不~起

615 ~白

1144 單襦~襦各二領

1453 賣早布~褌

133 崇無以~戰

0145 往

22

1448D 有~來者

2278B 謹因~者所

113 夜~胥射之

241 當~

0146
徵

8

983 塞～

2124 日～迹簿

1392B 青堆隧卒旦～迹

0147
循

15

230A ～母

230A ～不及候

1649 假赤～

241 ～乎

0148
待

2

987 ～界上

0149
後

21

1448B 告～世及其孫子

844 ～嗣

1162B ～竝入

1459A ～嗣

1460A ～嗣

1461A ～嗣

0150
得

115

1787 有所～

1962A 幸～奉聞子

1448B 不可～久履

1962A 甚急不～

244B ～歸

1448B 不可～久視

0151 律

43

2226A 豈~各久

7A ~毋有它

143 ~行

130 且~

2033B 甚己~

983 捕~

1377 如~令

1628 如~令

1254 ~令

995 以~從事

69 如~令

1365 毋忽如~令

0152 御

23

1962B ~酒食

2147A 守~器簿

793 ~器

794 守~器吏卒

551 付~史趙宏

廴部

0153
廷

4

614
謹以～

145
望闕～遇就誅

0154
建

77

1925A
始～國

1894
～國

674
～平

614
～國

2010
～武

1998
～武

99
～國

㢟部

0155
延

9

197
元～四年

1077
士吏～壽敢言之

27
士吏～壽在所

行部

0156

行

118

1892 丞印～事

662A 以郵～君

1378 迹甫～未知所指

2126 附馬～

980 方循～

1365 且遣都吏循～

624B 使官卒杜彭～

672B 調～玉門都尉丞事

61 名曰～部

1219A 亭次走～

齒部

0157

齒

18

1124 ～六歲

1166 ～八歲

48 皆大～

536 ～六歲

足部

0158
足

56

551 ~三月

813 塗西門外垣下~

1963A 少君~下

1659 ~下

1448C ~下

999A ~下

0159
踵

2

1949A 更主~

0160
路

2

2253 天門俠小~彭池

品部

0161
品

14

619 以就~博募賤

1780A 候如~

783 府爲伏虜~約

冊部

0162

嗣

5

1459A 後～

1460A 後～

1461A 後～

0163

扁

5

1557 ～書

1365 大～書

第三　㗊部——用部

㗊部

0164
器

21

器 369
醯一～

793
御～

665
守御～

干部

0165
干

25

2261
～庈呼

2171
～庈呼

1784
羽完～庈呼

1784
羽敝～完

1784
羽敝～庈呼

32B
薪～

168
亦不足以～治

句部

0166

鉤

鉤

2

2231 弦鐵～一

古部

0167

古

古

5

1721 傷右～一所

820 一高～

十部

0168

十

十

706

1731 人七～

1742 入～一月

23 ～九斛

1193 用鞠～石

14 直六～

124 數～人

1829 ～一月

563B 李石～分

51 ～一月

40 ～日

116 八九～口

47 二～人

0169

丈

39

1 ～丈

1075 載六～三兩

1715 ～二月

60 ～月

285 ～三石

238B ～一日

1808 ～五日

3 ～二月

615 ～日

130 ～一月

1108A ～二月

981 絨三～

618A 牛凡百八～二頭

58 六～人

25 三～五

781A ～人家室

1307 ～人

781A 數以～人家室

1176 使埻道廣高各～

1 十～

2187B 不在五～上

239B 願～人與兼車會

1211A 從～人遠

0170
千
148

- 12 ~石
- 32A ~秋
- 555 七~
- 1972B 周~秋
- 2179A ~歲
- 1300 司馬~人
- 130 ~里
- 618A ~一百頭
- 1160 ~人
- 1186A 玉門~秋
- 558 直六~
- 86 二~餘人

0171
博
8

- 283 張~
- 1900 張~
- 619 品~募賤

0172
廿
170

- 555 直~二萬
- 1015A ~五
- 2013 ~日
- 1676 二百~
- 1731 四百~
- 1401 千~束
- 1002A ~日
- 672A ~四
- 1860 ~一日

0173

冊

52

1052 盡丁酉～八日

1058 ～一石六斗六升大

1183 第～二

543 八百～三石五斗

532 ～八石七斗五升

276 出戍卒～人

1765 ～二

1784 ～七

卌部

0174

卌

卌

70

卌 532 ～七石

1185 第百～三

2013 ～日

683 年～所

1655 積～人

4 今見泉千八百～五

1799 錢二百～

2010 建武～一年

0175

世

13

1219A 誅虜候長～

1448B 後～

1972B 爰展～

795 萬～

1791 淩隧長充～

言部

0176

言

203

793 敢～之

793 闌胡隧長鳳敢～之

2183 敢～之

1161 王夫人自～

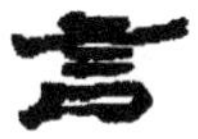

2044 敢～

1448A 審察騰～

614 敢～之

2255B 因～狀

2255A 憲叩頭～

1161 敢～之

796 敢～之

1975A 敢～之

238A ～當去也

158 叩頭～

239B 子少～

770 到官視事敢~之

114 恭奴~

484 謁~

239B ~當在外

1225 ~予

0177
語

6

792 知區處~吏

502 ~爲云

0178
謂

31

58 此近~第一部

1457B ~禽寇

1254 ~玉門候官

949 ~士

0179
請

48

523 詣官~奉

1972A ~道其章

2337B 謹~李子恩

524 詣官~八月奉

0180
謁

15

2466 官~言當受者

484 ~言

0181
許

10

780A
君偉～予脾

2189
～玄

0182
諸

37

18
～卿

1972A
～物

1108A
～侯相

481A
～生庶民

1595
～候相

144
都護～部吏

6B
～吏不思

61
～導報

0183
詩

1

2180
趙～

0184
諷

1

1557
令盡～誦知之

0185
誦

4

1557
諷～

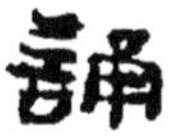
1461A
勉力調～

1460A
勉力調～

0186
譔

1

639C
塺～

0187 議

6

615 不具～罰

58 ～遣君威來出

1271A 效穀西鄉高～里賈

0188 識

2

1191 脾有～

0189 謹

99

1985 ～移九月卒

2390 ～案

2146 各～候北塞隧

2337B ～請

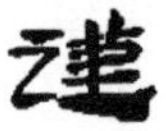

1448C ～伏地再拜請

1459A ～慎

1460A ～慎

1461A ～慎

0190 信

5

2245 程忠～

486 相～

0191 誠

18

1972A 用日約少～快意

1990B ～慙誠慙

2253 興章教海兮～難過

1305 樂～

52 ～恐誤天時

0192 詔 23

- 844 幼子承～
- 1448 A 制～
- 1580 如～書
- 1785 ～書
- 195 以～除爲將田姑

0193 計 17

- 1459B ～會辯治
- 1461B ～會辯治
- 239B 及酒～及張一石
- 1460B ～會辯治
- 237 忽於至～
- 486 內～未

0194 調 14

- 2005B 奴所～
- 1461A 勉力～〈諷〉誦
- 1459A 幼子承～
- 1461A 幼子承～
- 1460A 幼子承～
- 244B 須以～代

0195 警 3

- 1293A 君候裘當東方～
- 69 ～當備者

0196 詡 12

- 252 張～
- 258 緑～
- 2326B 守穀卒路～記

0197 護

29

112 車師前附城～

84 ～兄子外亡

57 西域都～領

1143 ～從者

488A 從罷都～出

91 都～崇

0198 記

62

1962B 公～

244A 兒尚叩頭白～

263A ～到

7A 倉卒爲～

7A 具～之

1135 房～

0199 訖

3

1186B ～九月晦

178 ～去幸毋所恨

0200 詣

79

263A 莊～官

177 當應時馳～莫府

624A ～龍勒

523 ～官

2396A ～清塞掾治所

2183 ～府

編號	字頭	篆文	數	字例
				 2314 ~候所
0201	誤	誤	4	 52 ~天時  59 以~  202 惑~者過惡未
0202	訾	訾	4	 57 ~倉  95 ~倉守司馬鴻  639C 黃文~山
0203	訶	訶	1	 200 嚴~
0204	證	證	2	 1457A ~邊董
0205	誰	誰	2	 241 欲~因循乎
0206 重	調	調	1	 1448A 必聽~（諫）士
0207	誅	誅	21	 263A ~虜  194 ~虜  614 ~虜候長晏敢言之

0208 詑

1

974B ～檄檢下

0209 謕

1

2163 右～虜隧

誩部

0210 重 善

39

1448A ～禺百姓

1963A ～毋恙

845 昆弟賓昏～相聞

1659 ～毋恙

1448C ～毋恙

486 大～

114 鄯～

114 鄯～反我

563B 取～者

0211 競

1

639B 涉～

音部

0212 **音**

4

2175A 代王育受～

524 推賢隧長楊～

0213 **章**

23

1892 守丞～

1972A 請道其～

2253 興～教海兮誠難過

0214 **竟**

6

2173 ～不遺與

507B 歲辛旦～

辛部

0215 **妾**

3

1145 護～

1355 赦～青夫仁之罪

丵部

0216 **業**

2

213 無作～

0217 **對**

16

1144 敦煌～苑里輸寶

1751 ～具

1409A ～曰

1143 敦煌～宛里斡竇

2289 田章～曰

収部

0218 奉

64

693 丁酉十九日～

1686 ～上

523 詣官請～事已

1816 董～德

1448A 堯舜～死

1962A ～聞子和少公毋恙

243A ～記

246 ～到

235 謹～告矣

2033B 三月～穀

0219 丞

61

1975A ～禹

1558A 時～身臨

1300 司馬侯～

1300 校尉～

1892 守～章

1365 尉～

（丞，續）
- 2322 玉門~犯
- 949 ~過

0220 戒
4
- 1461A ~勉
- 1459A ~勉
- 1460A ~勉

0221 兵
70
- 2224 ~四時簿
- 1658 ~折傷敝絶簿
- 1685 人畜車~器物
- 1845 毋出~
- 1925A ~完
- 1925B ~完
- 1972B 高辟~
- 2014 官~
- 47 此欲大出~之意也
- 55 發~
- 51 精~
- 135 人以食爲命~

0222 具
57
- 1542A ~弩一
- 615 放趣~牽馬
- 615 不~議罰
- 1751 對~
- 7A ~記之
- 241 人皆~

共部

0223 共

18

486 和親～治國

618A 還沙萬～發

159 ～奴虜

舁部

0224 與

65

58 功卿～同心士

1448A ～地合同

2013 恩～惠君方

222 元夫～吉

1628 ～平

41 ～第一輩兵俱去

45 未～相見

88 車師侯伯～妻子

129 ～將率比上書

149 ～南將軍期會車師

238B ～左伯相近

91 ～敦德尹

0225 興

10

683 ～客

481A 官～禮樂

2253 ～章教海兮

臼部

0226 重 要

16

2231 無次～

332 臨～卒趙立

983 皆～（腰）斬

晨部

0227 農

2

農 1291 十二月癸酉大～付

革部

0228 鞠

1

1193 用～十石

0229 韋

6

7A 前普所寄弓及～

615 放趣具～馬

7A 付左曼卿來弓～

0230 勒

19

2130 戀～鞅韅

1975A 龍～

624A 龍～

0231
鞅
2

311 龍～

1898 玉門候造史龍～周

2130 戀勒～韅

鬲部

0232
融
2

1949A 尉～

1464A 萬貰范～

䰜部

0233 重
羹
1

1962B 進～子

爪部

0234
爲
203

984 ～督盜賊

1894 ～易

1872 ～定襄大守

569 左～北

263A 毋以它病～解

983 ～司寇

1384B ～奉

1812 完～城旦

2188 君～時

为 6A 爲人下常持

488A 願～問所

40 今豫～責備

1896 ～檄

237 唯～

243B 且已～今見

41 以私泉獨～羅縠

195 以詔除～將田姑

7A 幸～付左曼卿

482 毋～郡所留

974B ～記

241 初～當往

125 伏法～衆先

又部

0235 又

29

837
~今日夕

238B
~當塞

130
前賁~

43
~迫策上責

244A
~前欲遣持斛

0236 右

49

808
~部有能者名

2261
~廿五

1784
~厭胡隧卒四人

1252
~吏一人

987
~七人

942
~西門六人

223
~爰書

2163
~譙虜隧

0237 父

7

195
崇~以河平元年中爲侍郎

1186B
~不幸死

497
崇季~蒲反令輩

0238 曼

4

1847
從卒王少~

7A
左~卿

0239 尹

27

283 候史~

177 ~史

285 候史~

246 敦德~

639A ~寬

143 府大~

1464A 樂~虎

91 敦德~

0240 及

50

983 ~從塞徼外來絳

1448B 後世~其孫子

141 ~諸國未壞敗

88 ~烏孫歸義

7A 追不~一二

521 望見虜塞外~入塞

7A 寄弓~牽

7A 記不~一二

239B ~酒計及張一石

0241 秉

12

220 以~傷辜

222 ~刃傷大君頭一所

0242 反

19

114 ~我

1650 人~十八束

1650 ~復世里

0243 取

50

1650 人再～

1225 子賓～言予帶家

241 車師今～

317 舍子通～

1862 幸爲可～奉

618A ～獲

239A 到完～之

2325 ～卒甲兵禾稼簿者

1558A ～粟

235 貴～橐佗

0244 度

9

1557 亭隧回～舉

51 ～以十一月

2173 宋君～耐何日發乎

大部

0245 卑

4

486 小昆彌～爰疐

2094 耳欲～目欲高

89A ～爰疐侍子

67 郁立師～陸侯

史部

0246 史

133

1186B 今～

1186B 故不～

1461B 成～

285 候～尹

177 尹～侯昌馬

283 大煎都步昌候～尹

263A 守候～

1671 令～

1459B 成～

1300 校尉～司馬

1896 賈～

1961 卒～

0247 事

116

263A 重～

981 外～

288 從～

523 ～已

1382B □～

1787 有凶～

1872 所厚～

1892 丞印行～

1949A 從～

1659 苦～

2179B 因～政爲

1448C ～方春不和時

243B 治～

238B ～已

484 從～

支部

0248 支 9

100 李司馬月～從即日

85 故車師後亡侯虜～

聿部

0249 筆 6

2401A 刀～

546 大奴～

0250 書 174

844 蒼頡作～

1254 如大守府～

1785 如詔～

662A 馮黨～幸致君

2390 文～

1463 曰～

1254 寫移～到

1222 曰～

1557 扁～

1462 ～人名姓

1461A 蒼頡作～

1460A 蒼頡作～

1459A 蒼頡作～

1300 尚～

1300 二萬～

1291 出西～三封

2394B 受王孟堅～二

2394A 受王孟堅～一封

畫部

0251

畫

13

1714 ～沙中天田六里

1584 率人～若干里

1815 中～舉

0252

晝

6

1460B ～夜勿置

1459B ～夜勿置

臤部

0253

堅

堅

8

1982 陷～寅矢銅鍭

2394A 受王孟～書一封

983 ～守

1925A ～折傷簿

臣部

0254

臣

臣

52

1300 ～昧死以聞

117 糞土～厶

138 ～厶

91 ～厶

145 ～厶

2289 ～聞之

1788 ～竊樂之

118 糞土～厶

殳部

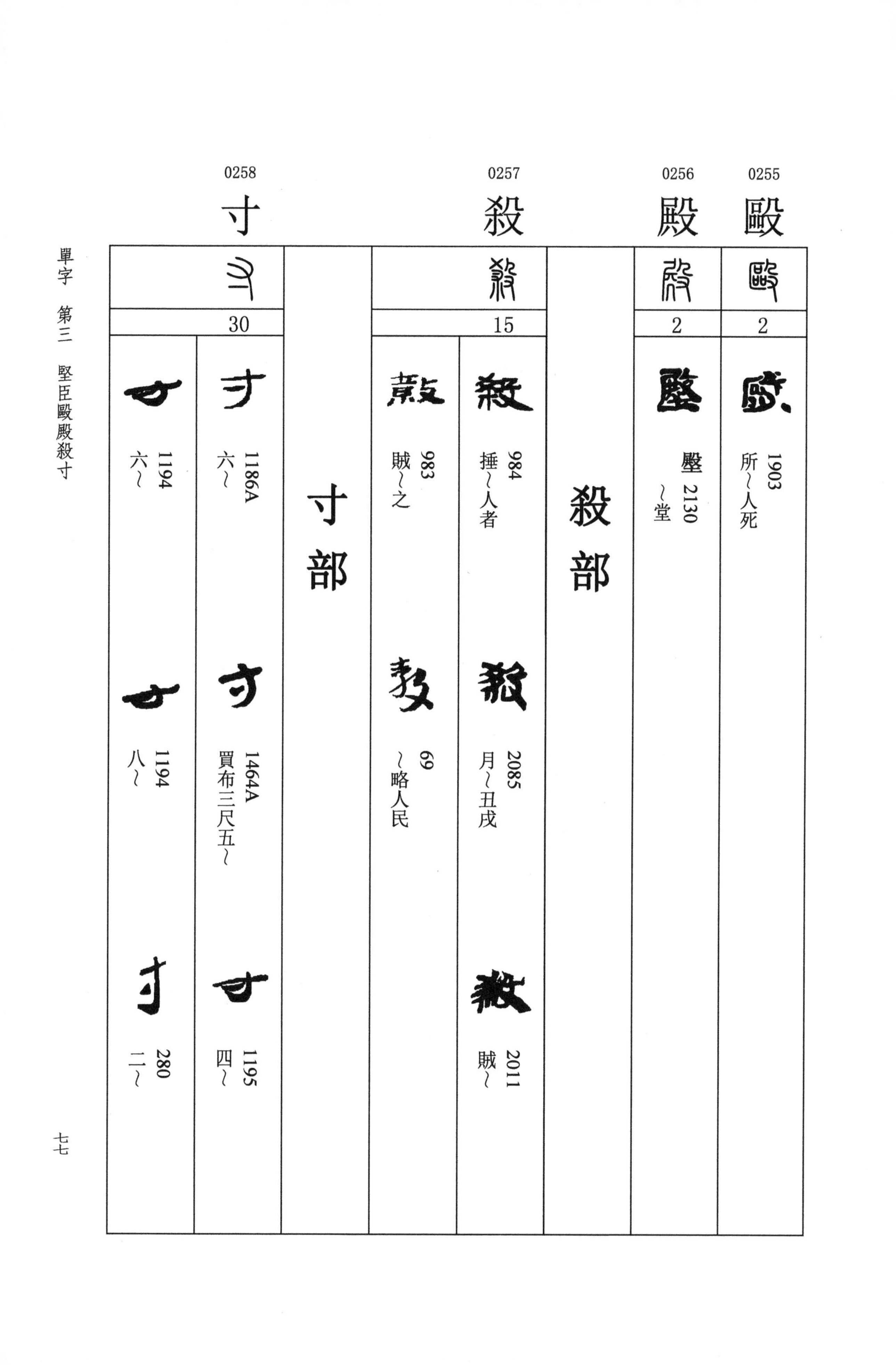

0255 毆 2

1903 所～人死

0256 殿 2

壂 2130 ～堂

殺部

0257 殺 15

984 捶～人者

983 賊～之

2085 月～丑戌

69 ～略人民

2011 賊～

寸部

0258 寸 30

1186A 六～

1194 六～

1464A 買布三尺五～

1194 八～

1195 四～

280 二～

0259 寺 2

1365 ～舍門

0260 將 73

981 不知～

1448A 今～絶矣

177 ～軍令召

3 偏～軍

1108A 票騎～軍

195 以詔除爲～田姑

235 ～軍

86 ～兵二千餘人

53 欽～吏士

0261 專 2

87 國中二意不～

皮部

0262 皮 5

558 木～

1146 羊～裘

1146 羊～絝

1663 ～氏

攴部

0263

效

20

25 ~穀閒田

1290 ~穀縣泉置

1135 齋~卒持葛橐來

285 ~穀益壽里

1261 ~穀得玉里

1271B ~穀西鄉高議里

0264

故

68

1362 毋出爲~

1448A 恐見~主

1788 ~以請語

1949A ~以

2045A 念~人

1845 掌~事

1186B ~不史

396A ~歌其作

127 良等爲~

61 皆以~官行

63 ~下

238B 以~

238B ~恨之

2173 似~爲之

字號	字頭	數量	出處及辭例
0265	政	17	2179B 因事～爲；1871 ～幸甚；536 鍾～
0266	數	33	數 981 官屬～十人；779 ～進酒食；1455A 宜～至前曹事；46 願～=相聞；124 足以澹養～十人
0267	變	5	784 ～名；948 亂里貸～
0268	更	19	1949A ～主踵；1448C ～亡更在；1448C 更亡～在；639B 橄～；276 終～罷
0269	斂	3	2356A 鏡～疎比各有工；1448A 賦～以理
0270	赦	6	639C 肥～；1355 ～姜青夫仁之罪

0271 敦

敦 94

- 1235 ~煌
- 283 ~煌
- 532 ~煌
- 1143 ~煌
- 1144 ~煌
- 1906 ~煌
- 246 ~德尹
- 532 ~煌
- 248 ~煌
- 1186A ~煌
- 1448B 下~閭里
- 997 ~煌
- 226 ~德
- 116 ~德
- 230A 田〃在~德魚離邑東
- 623 ~煌
- 1254 ~煌

0272 敗

敗 2

- 1552 壞~

0273 寇

寇 12

- 983 妻子耐爲司~
- 1450 禽~日
- 1457B 禽~隧長

159　共奴虜來爲～

69　～車師

2292　止～

0274
收

6

1628　以前數～就錢

2401A　～降

0275
牧

4

2142　～監之部

314　～卒耿咸

教部

0276
教

45

2253　興章～海兮誠難過

844　蒼頡作書以～後嗣

1459A　蒼頡作書以～後嗣

1460A　蒼頡作書以～後嗣

235　～言告掾

卜部

0277
卜

1

1173　卒～年主

用部

0278

用

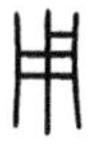

43

238A 也～賈亦可

1785 下當～

238A 欲～治炊内

1971 薛～思

1972A ～日約少誠快意

796 往遺衣～

239A 不可～

1838 ～梟一斤

238B 欲～治簿

0279

甫

2

1378 迹～行

239A 西未～時

0280

庸

11

1068 ～同縣同里

981 名曰勞～

第四　目部——角部

目部

0281 目

14

239A 今致賣~宿養之

239A ~宿大貴

1473 亭上深~

1472 旁郡深~

2253 日不顯~兮黑雲多

1475 東部深~

2402A 前~示

0282 督

1

639C 唐美耿~

0283 相

55

774 丁壯~佻柰老

521 ~告

2253 ~加

1788 久不~見

427A ~候

2226A ~見

130 ～助

45 在中未與～見

238B ～近

241 ～將來

486 ～信

0284 督

13

984 共爲～盜賊

2183 ～薰不察

眉部

0285 眉

1

1068 韓～

0286 省

16

189 唯官～察

1332 ～宗調張照

盾部

0287 盾

1

1730 所假姑臧赤～一

自部

0288

自

69

243B ~愛望温衣

1448A ~致天子

1448A 胡侅~次

243B 强湌飯~愛

622A 致昭~愛

2033B ~"愛"

160 毋以~遣

239B 來~苦耳

331 宏□府~稟

白部

0289

皆

53

983 ~要斬

2146 ~和

7A 來弓窜~

7A ~毋它急

1457A 索刃~□

61 ~以故官行

241 人~具

116 ~爲敦德還出

114 子男~死

0290
魯

4

1412
～王毋以應

1117
秋里～罷軍

0291
者

162

983
逢隧～

795
從～

984
捶殺人～

321
賀從～

696
有～必坐

2056
西首～貧

1985
當稟～人名

2238
送～姓名

545
從～

346
從～一人

1962B
行～中公

69
警當備～

238A
其中～

323
從～

2401A
頓首求～

1357
擊匈奴降～賞令

0292
百

276

981
驢五～匹

1185
第～卅三

693
四～五十六

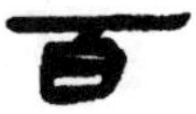
58 五～人

305 千六～六十六人

2270 食～廿

304 二～六人

296 ～一十八日

246 ～斤

1706 四～五十五里

558 六千七～

276 三～

1407 六～八十五

1448C 善禺～姓

47 ～二十人

640 直三～五十

1784 寅矢六～

618A ～八十二頭

2157 千二～

2160 千三～五十

1784 三～九十七

1961 ～石

618A 一～頭 七

1753A 五～四錢

羽部

0293 羽

5

1784 其九十五～完

1784 六十一～敝

1784 寅矢六百卌七～敝

0294 翟

10

1171A 威嚴卒～□

1463 張豬～如

1462 范鼠張豬～如

0295 翁

14

1448C 拜請～糸足下

1448D 伏願～糸有

2344 田～

0296 翕

3

624B 卒王～

481A 諸生庶民～然響應

0297 翬

2

2002 北部候長高～

隹部

0298 雅

1

2016 效穀京威里高子～

羊部

0299 羊 6

- 788 ~二頭=
- 784 變名易爲~翁

0300 羸 4

- 41 ~瘦困亟
- 215 貧民~謹
- 971 振罷~

0301 羣 4

- 697 ~輩
- 618A 一~

0302 美 7

- 1008 ~水
- 639C 唐~

0303 羌 1

- 2394B 朱虎付趙~

雔部

0304 重 集 2

- 1685 須~移官

鳥部

0305

鳳

52

793 隧長～敢言之

1715 五～元年

1925A 始建國天～元年

1068 上黨郡五～四年

238A ～報賜之

99 始建國天～三年

142 始建國天～三年

0306

鳩

1

1649 ～尾折

0307 重

鸛

11

難 639D ～季偃田硯

2253 興章教海兮誡～過

0308

鴻

2

177 揚～裝未辨惶恐

烏部

0309 烏

8

88 及～孫歸義

620 隨～孫歸十三匹

0310 重 於

19

1409A 文莫隅～杯

237 忽～至計

159 ～使君先知

49 逆虜期～不失利

50 舍宿營止宜～

1409A 莫悲～寒

0311 焉

12

341 守千人馮～

179 無寃人～

92 又前連戰～耆中

華部

0312 畢

14

1362 虜～去

620 繒已～

2179A 觴酒以～

0313 重 棄

4

1751 ～市

983 守～亭鄣逢隧者

冓部

0314 再

再

76

1448C 伏地～拜

60 ～拜言

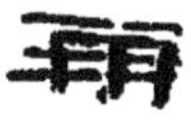
1962B 年～拜

1963A 中公伏地～拜請

2337B ～拜白

1112 伏地～

669B 致書～拜

243A 叩頭～拜白

幺部

0315 幼

𢆯

17

844 ～子承詔

1457A 程～生東

1460A ～子

1461A ～子

1459 ～子

幺部

0316 幾

3

235
~何

166
校~何急

叀部

0317 惠

7

2013
恩與~君方

999A
~幸

168
所謂~而不費

0318 疐

3

486
小昆彌卑爰~

89A
車師侯伯卑爰~

玄部

0319 玄

3

2189
萬歲揚威隊長許~

2296
西與~武隧迹

0320 茲

2

61
之~平

予部

0321 予

20

1225 子賓反言～帶家

780A 許～脾

555 兩〓千七～

1558A ～以奴婢多

2325 皆勿敢擅～

0322 舒

1

1448B 去如～（舍）廬

放部

0323 放

7

538 趙～字子阿

709 王～君務記

801 令史～

0324 敖

3

784 數～五陵

1457A 何長卿～像

受部

0325 爰

10

223 右～書

1972B ～展世

486 昆彌卑～疐

0326 受

70

283 ～就人敦煌利成里

285 ～就人效穀益壽里

532 ～就人敦煌安國里

1151 ～步廣卒九人

2175A 代王育～音

2394B ～王孟堅書二

803A ～關佐楊籌

2180 ～宜禾臨介卒趙詩

2089 ～尉史義

0327 爭

2

争 239B 乃欲持是～來自苦

0328 重 敢

109

敢 793 胡㒸長鳳～言之

793 名籍一編～言之

1892 ～言之

981 莫～道

665 ～言之

999A 不～辨櫝簿

1975A ~言之

770 尚~言之

1382B ~告酒泉

770 視事~言之

1077 士吏延壽~言之

1161 ~言之

2255A 優一長反~

1241 ~言

1448B 愼毋~娓

歺部

0329

殄

9

127 必蒙天右期~滅

98 ~滅逆虜

死部

0330

死

67

26 ~罪死罪

26 死罪~罪

114 子男皆~

176 罪當萬~

176 ~罪死罪

176 死罪~罪

1186B
父不幸~

1903
所毆人~

2011
~馬骨肉

780A
君偉所賜~牛肉

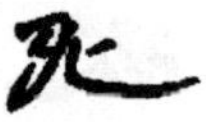
1975A
叩頭~罪死

43
恐盡~

1448B
人固當~

1448A
堯舜奉~

127
崇叩頭~罪死罪

1300
尚書臣昧~以聞

1134
叩頭~罪死罪

127
崇叩頭死罪~罪

骨部

0331

骨

1

2011
死馬~肉

肉部

0332

肉

12

780A
君偉所賜死牛~

2011
死馬骨~

246
牛~百斤

編號	字	數	例
0333	脾	5	2441 ～一所；780A 君偉許予～
0334	肝	1	667 ～腦塗地
0335	膏	3	2356A 脂粉～臊篇；14 ～餅一人；2034 冶藥以和～
0336 重	肩	2	780A 今得～
0337	臂	1	2356B 繫～琅玕虎魄龍
0338	腹	2	2012 心～久積
0339	股	2	2013 ～寒
0340	隋	1	2013 驚～

0341 胡

77

- 1448A ～偯自次
- 793 闐～隧長鳳敢言之
- 1784 右厭～隧卒四
- 2259A 破～止姦
- 1868 曲旃緹紺～
- 61 ～譯長
- 1799 淩～卒尚常安
- 1684B 淩～
- 1792 淩～隧

0342 脩

9

- 1068 ～成里閻備
- 639C 楸～

0343 脂

4

- 2356A 賁薰～粉膏
- 780B 前敞有～

0344 腦

1

- 667 肝～塗地

刀部

0345 刀

11

- 2401A 二日亡～筆收降
- 371 以～訢

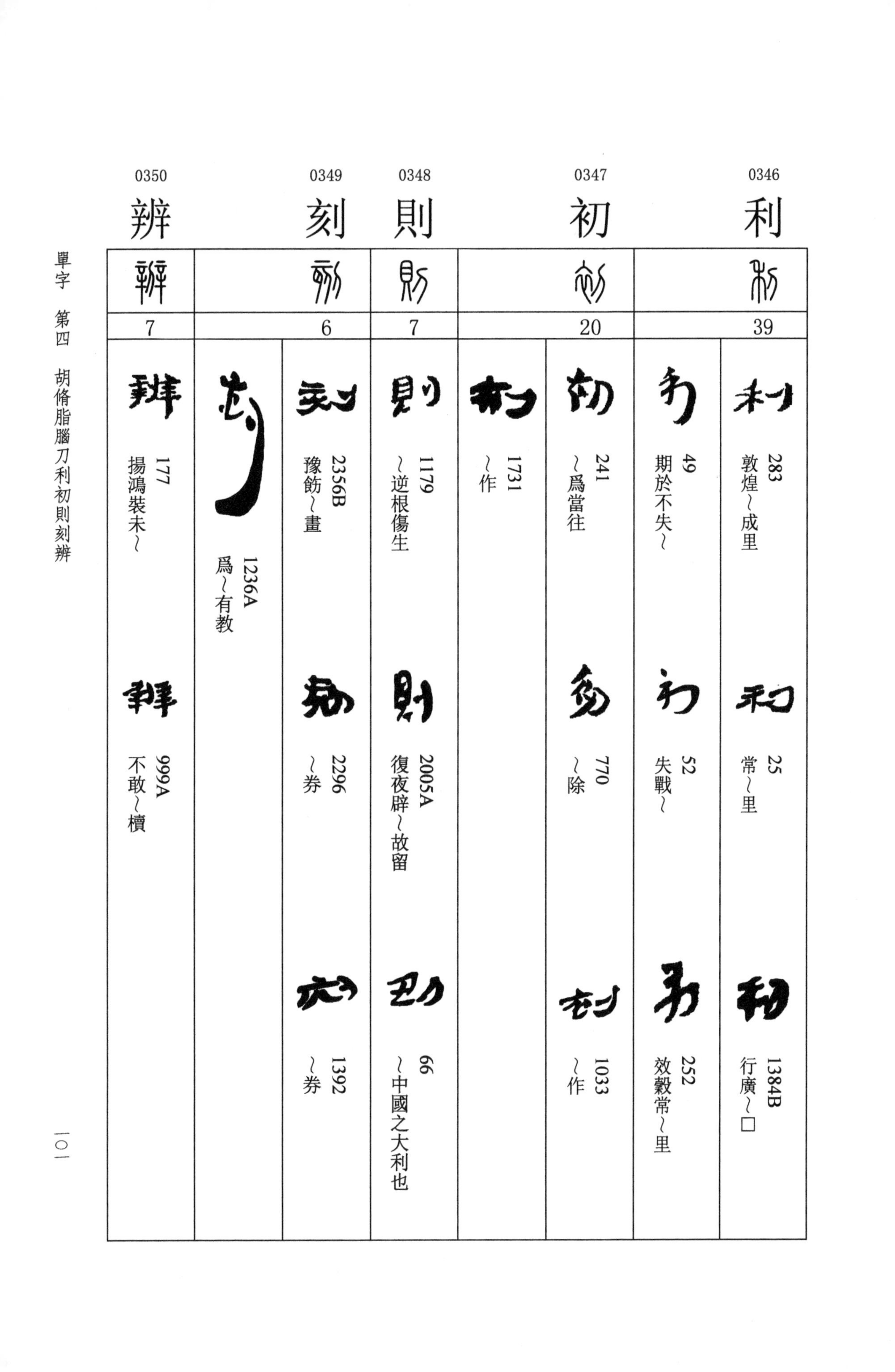

0346 利

39

- 283 敦煌～成里
- 25 常～里
- 1384B 行廣～□
- 49 期於不失～
- 52 失戰～
- 252 效穀常～里

0347 初

20

- 241 ～爲當往
- 770 ～除
- 1033 ～作
- 1731 ～作

0348 則

7

- 1179 ～逆根傷生
- 2005A 復夜辟～故留
- 66 ～中國之大利也

0349 刻

6

- 2356B 豫飭～畫
- 2296 ～券
- 1392 ～券
- 1236A 爲～有教

0350 辨

7

- 177 揚鴻裝未～
- 999A 不敢～櫝

刃部

編號	字頭	數量	字例
0351	列	7	1972A 羅~諸物；1358 封~侯
0352	剽	2	1166 左~
0353	制	8	1448A ~詔皇大子；1355 ~曰；497 府下~書曰
0354	罰	5	615 不具議~；218 事=~平一石穀；200 賞署~
0355	券	8	1074 昌安倉~；2296 刻~；238A 候長勉~
0356	刺	2	刘 2462 闘以劍刃~傷
0357	剩	1	1050 陰~功

0358
刃

12

366 六月餘斧～

2462 鬪以劍～刺傷

1457A 長庋索～

耒部

0359
耤

1

1819 ～君夏

角部

0360
角

9

1195 四寸～長尺七

1185 兩～

1194 八寸～長尺六寸

2416A 兒秋持～弓

0361
衡

1

衡 2337B 使君徙居～君家

0362

解

16

263A 毋以它病爲~

1691 辰~律

0363

觴

2

2179A 身行壽~酒以畢

第五　竹部——桀部

竹部

0364 節

9

2045A ～更嫁

143 積九日乃到三～

482 出入宜有～度

0365 籍

15

793 卒名～一編

534 吏私牛出入關致～

794 守御器吏卒名～

0366 等

39

523 隧長霜普～

697 橫興～

1459B 辯治超～

1460B 辯治超～

1461B 辯治超～

2289 亦與之～

2246A 官告候長利～

127 良～爲故

0367 符

16

214 其無任者勿予～

2014 卒李奴過～空報

0368

贊

2

634 ～布巾各一

0369

策

1

43 又迫～上責

0370

第

76

1183 ～卌二

1448C 賤～時謹伏地再拜

2 ～八

1185 兩角～百卌三

41 當與～一輩兵俱去

540 罣門～一李外人

42 即聞～一輩起居

1452 二月五日～七吏

1409B ～三

0371

簿

35

665 守御器～一編

2147A 守御器～

2224 兵四時～

187 十二月己巳兵～

2124 日微迹～

238B 欲用治～

1925A 傷～

箕部

0372 重

其

123

812
~二人

2157
~八人作壄

2142
~勉於考績

811
~五人

618A
萬共發~一羣

618A
~七頭即游部取獲

1075
~四兩

335
~一石五斗

1860
~五日行道病

2157
~一人爲養

2171
~廿二

803A
~一封

1448B
後世及~孫子

311
~二十桼斛

45
~導三人在泉都

113
~莫乃去

114
南將軍焦捇乘~力

238A
可令巨況居~中者

左部

0373 左 𠂇 35

7A 到會～曼卿

7A ～子淵

7A 幸爲付～曼卿

1166 ～剽

118 五威～率

238B 與～伯相近

238B 故令～伯領之

238A ～伯卒今日已到

工部

0374 工 工 6

2356A 鏡斂踈比各有～

253 省府木～

2323 郇爲～大

0375 式 式 4

1309 鐵～三

1309 木～二

0376 巨 巨 3

238A 可令～況居其中者

62 射聲校尉任～通

甘部

0377

甘

3

2110 ～露二年十一月

0378

甚

75

1448C ～苦候望事

781A 謹疵幸〓～〓

1962A ～急不得

1962B 幸〓～〓

1962A ～聞子和少公毋

1963A ～苦事

1000B 之訢幸〓～〓

2033B ～已得

243B 幸～

曰部

0379

曰

47

1222 ～書

1409A 中子對～

2289 田章對～

1463 ～書人名

1462 ～書人名姓

981 名～勞庸

403 廷檄～

770 即～

2011 言律～

964 ～

1161 官移檄～

1300 制～可購校尉

0380
朁

1

1145 ～五

0381
沓

1

639C 庋～

0382
曹

12

曺 417 門下西～王諫

1455A 幸甚宜數至前～事

240 戊～右史

乃部

0383
乃

16

113 其莫～去

143 積九日～到三節

161 ～深表憂念

852A 郭～始

2337B ～來

239B ～欲持是爭

丂部

0384 寧

寧（篆）　6

- 58　之張掖～
- 2052　漕孝～方

可部

0385 可

可（篆）　64

- 2253　月不～視兮
- 2142　以時過～不冒哉
- 2300B　未有～以
- 239A　恐牛不～用
- 1300　制曰～賜校尉
- 238A　黨～發之
- 238A　也用賈亦～
- 488B　～叩頭
- 1448B　天不～得久視
- 238A　～令巨況居其中者

0386 奇

奇（篆）　5

- 奇 1151　～九十六石
- 1051　亭長張～子小男帶

兮部

0387

兮

4

2253 興章教海～誠難過

2253 州流灌注～轉揚波

2253 月不可視～

2253 日不顯目～

0388

乎

8

241 欲誰因循～

2173 宋君度耐何日發～

2401A 處人書～

亏部

0389

平

77

283 字少～

639A 樛～

1281A 永～六年

61 之茲～

1854 ～望塞有秩候長

1960 ～望西部候長憲

2165 居～望

2089 永～十一年五月

195 河～元年

1987
～塱朱爵隊長

2126
～塱候長邢珍

喜部

0390 憙

憙

3

1972A
勉力務之必有～

174
幸自～

壴部

0391 彭

彭

6

639B
～績

2253
天門俠小路～池

2425
卒郭～祖

0392 嘉

嘉

7

619
轉粟輸～平倉

349
賀子使男～

518
守候長頓～

豈部

0393 豈

豈

1

2226A
～得各久不相見

豊部

0394 豊

4

532 令史～

1108 大司空少傅～

280 書吏胡～私從者

1864 廣新隧長趙～

虎部

0395 虎

5

2356B 繫臂琅玕～魄龍

2394B 朱～付趙羌

1464A 尹～買布三尺

皿部

0396 盧

7

57 都護領居～訾倉

58 ～水五百人

0397 醯

2

246 ～三斗

369 ～一器

0398

益

益　16

- 2390 增～糧食
- 239A 欲～之
- 2279A 虜百餘騎□得～爵
- 285 人效穀～壽里鄧尊
- 150 常懼于毋～之罪

0399

盡

盡　90

- 230A 循弟家～病在田
- 2146 ～南端亭
- 693 正月己卯～
- 1557 令～諷誦知之
- 239A 留久恐舍食～
- 1378 月不～三日
- 43 恐～死
- 133 財穀食單～
- 2189 大晨一分～時
- 1813 五月十日己卯～

去部

0400

去

去　34

- 521 虜即還～
- 2001 主靡穀～熱
- 1448B ～如

493
因～恨不面決

2402B
日～時

1362
虜畢～

40
前～時

41
兵俱～

113
其莫乃～

238B
且毋以～

238A
雖言當～也

血部

0401
血

2

2013
～在凶中

丶部

0402
主

22

1173
卜年～

2001
～靡穀去熱

239A
～不肯

1949A
更～踵

769
～馬司馬寃等

1448B
恐見故～

青部

0403 青

青

18

1355 外～移錢六十萬

1355 赦妾～夫仁之罪

1355 與～家

1429 ☐～

井部

0404 井

井

5

263A 次當候虜～上

1868 ☐～

0405 荆

荆

15

2126 平望候長～（邢）珍

2396B ～駐

338 施～成有

皀部

0406 即

即

54

2146 ～舉表

1557 ～有蓬火

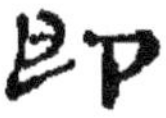

521 虜～還去

618A 其七頭~游部取獲

40 不到十一=日~

770 ~日到官視事

42 ~聞第一輩起居

100 李司馬月支從~日

620 ~前物故

992 ~日

皀部

0407

爵

35

1186A 神~四年六月

1361A 賜~少上造

2279A 得益~

2117 平望朱~隧

食部

0408

食

172

200 賦糧~

347 六月~麥二石

321 六月~麥二石

0410 飯	0409 餅
3	1

177 傷水不飲～
1962B 進御酒～
1813 備客馬～少

1813 受官馬～二石七斗
1926 以～使車師
2390 糧～常有玄乏

239A 留久恐舍～盡
354 十一月～麥一石
2175A 正月～穬麥三石

1927 以～使莎車
2292 ～三石
40 ～十一月十日

43 馬但～枯葭飲水
102 送～違常
2401A 伯先長公湌～

238B 朝莫～飲
122 單糧～

14 膏～一人

243B 强餐～
174 强～食

0411 重
滄

3

243B 强～飯

2401A 伯先長公～食

0412
餘

29

501 今有～泉

113 遣吏士三百～人

239A 麥百三十～

2279A 塱虜百～騎

0413
飢

5

103 忽於～乎

148 吏士～餧

171 ～餓並至

0414
餓

4

102 吏士困～

971 戍部～乏

971 閒以戍部～乏

亼部

0415
合

12

2356B 沐浴前摵寡～同

1448A 與地～同

2012 皆～和以

2396A ～橵一

0416 侖

2

1683 昆~第三

0417 今

92

837 又~日夕

1448A ~將絶矣

837 ~日夕

2075 ~力四石六十八斤

241 因車師~反

40 ~豫爲責備

2390 增益糧食~

1992 ~遺詣署

114 ~恭奴言鄯善反我

1186B ~史

239A ~且寄廣麥一石

239A ~致賣目宿養之

125 令得念誨至~

238B ~已十一日矣

238A 左伯卒~日已到

1167 故~移轉牛

243B 且已爲~見

2401A ~若取得

203 有書~

0418

舍

42

1872 力～中兒子毋恙

2130 室宅廬～樓殿堂

2337B 大～東堂地

1223 詣尉丞～

1365 寺～門

239A 留久恐～食盡

7A 子淵～中

238B 又當塞舉～十五日

1002B 趙君夏～

會部

0419

會

36

615 ～正月十日

1685 ～正月三日

1459B 計～辯治

1460B 苟務成史計～辯治

1461B 計～辯治

239B 丈人與兼車～

7A 到～左曼卿

倉部

0420
倉
倉
27

57 呰～守司馬

7A ～卒爲記

283 郡～

522 以給～龍隊長

1074 昌安～券

入部

0421
入
入
138

239B 子少言當復～二石

1742 ～十一月十二日

283 ～郡倉

532 ～穬麥

2175A ～正月食穬麥三石

521 望見虜塞外及～塞

52 不敢～塞

2257 ～塞

285 ～麥小石十三石

532 已～卌七石

983 亡～匈奴

0422
内
内
15

486 ～計未

837 東～

238A 冬時恐～

238A 欲用治炊～

2304A 不知～狀

837 西～

0423 纙 纙 2

41 以私泉獨爲～轂

0424 重 全 全 2

667 哀憐～命

419 不～

缶部

0425 缺 缺 2

1992 隧～敬代適卒郭

0426 罋 1

2356C 璧碧珠璣玫瑰～

矢部

0427 矢 矢 33

133 發～

1784 寅～六百

1982 陷堅寅～銅鍭

（矢，續）

1824B 寅~銅鍭百

1747 馬~塗亭户前地

0428 重 射

射　11

2356C 靡從容~騎

92 大張格~

113 夜往胥~之

62 ~聲校尉任巨通

205 夜奔~狀

1009 董獲伐~大騰

0429 知

知　47

981 外事次孫不~

1365 ~令

1378 未~所指

2304A 不~内狀

1676 以不~何人發覺

1557 令盡諷誦~之

69 未~審

159 於使君先~

132 ~審

237 ~起居

高部

0430 高

高（43）

1972B ~辟兵

2018 ~五尺

545 ~望部

2179B ~榆來槐榆

2337B 責刑卿~子恩

820 ~子長

1271A 效穀西鄉~議里

840 ~子賓錢卌

2434 令玉門屯田吏~年

2002 北部候長~肇

0431 亭

亭（99）

1290 以~行

2146 縣承塞~

2146 盡南端~

983 守棄~鄣逢隧者

521 如次~未下蓬

1557 扁書~隧顯處

1557 ~隧回度舉

1473 ~上深目

2257 若功~章鄣

2257 虜守～鄣

門部

0432
市
（小篆）
10

1365 各明白大扁書～

1751 棄～

1329A 董子文所尊～

京部

0433
就
（小篆）
32

283 受～人

532 受～人

555 用～

238B 以時成～

畐部

0434 良

20

- 2108 萬年里索~
- 1816 桓賢~任逢時
- 1997 ~甚
- 250 孫~年廿七
- 2034 炊令沸塗牛領~
- 1927 ~家子二人
- 371 三朝爲之~

亩部

0435 稟

35

- 1985 ~者人名
- 291 文德玉門所~
- 1378 送~卒人言

嗇部

0436 嗇

14

- 1290 效穀縣泉置~夫光
- 660 ~夫不在
- 796 關~夫廣德

來部

0437

來

97

241 相將～

7A 普屬從酒泉～

7A ～弓鞌皆

2255B 至今以何故不～也

1135 齋效卒持葛橐～

1871 回往～希

45 期晦～

2179B 高榆～槐榆

1179 東北～

243B ～人聞起居

983 及從塞徼外～絳

160 萬户～政道

1179 風從東方～

2215 東方～

40 期遣使～

1787 有客從遠所～

麥部

0438 麥

80

簡號	文例
532	穬～
239A	今且寄廣～一石
335	十二月食～三石
285	～小石十三石
354	月食～一石
318A	～六斗
321	六月食～二石
349	六月食～一
350	六月食～一石
347	六月食～二石
318A	～五斗

夊部

0439 致

37

簡號	文例
239A	今～賣目宿養之
7A	～自＝愛＝
545	私馬稟～
662A	馮黨書幸～君
1448A	自～天子
178	獲～求索

（致）
- 534 出入關～籍
- 795 出關～籍

0440 憂
12
- 238B 願且～之
- 171 必且爲～累
- 130 報～欲相助

0441 愛
12
- 2033B 自〃～〃
- 243B 自～
- 243B 自～望温衣

0442 夏
16
- 639B ～連樂恢
- 1819 君～
- 2292 止寇隊卒～豹
- 563A 當歸半～黄芩

舜部

0443 舜
4
- 1011 廣漢隧卒李～
- 1448A 堯～奉死

韋部

0444 韋

韋

10

1151 四～以上

1144 ～絝布絝

500A 欲得～橐絮飴

0445 韓

韓

19

1463 書人名姓趙尨～碭

1068 庸同縣同里～眉中

1462 書人名姓趙尨～碭

1144 敦煌對苑里～寶

弟部

0446 弟

弟

14

230A 循～家盡病在田

845 昆～賓昏善相聞

86 侯～虜

久部

0447 久

久

24

1448B 毋～蒼蒼之

1448B 不可得～視

1448B 不可得～履道

2012
治～欬

1788
～不相見

2226A
豈得各～不相見

桀部

0448
桀

3

72
貪狠～黠

782
所犯尤～黠

0449
乘

36

1186A
武安里公～呂安漢

786
男子甲～車

944
如昌里公～魏護

第六　木部——䛇部

木部

0450 梨

3

111 中尉～侯虜平

129 臣厶前在尉～

94 發尉～將

0451 柰

2

774 丁壯相佻～老何

0452 李

42

1135 ～君

256 ～東年二十三

563B ～石十分

100 ～司馬月支

2005B ～若隸庸

256 李東代～音

2190 姓～氏

235 善遠聞～出

540 罣門第一～外人

0453 桂

3

1730 ～兩端

2012 ～蜀椒

0454 棠

棠（seal script）　1

2130 蓋韇韠鞎㡯縛～

0455 杜

杜（seal script）　12

1569 ～充見

杜 624B 使官卒～彭

1136B ～君奉謁再再拜

0456 楊

楊（seal script）　19

254 成衆代～鴻

803A 受關佐～籌

2180 萬歲～威

0457 槐

槐（seal script）　1

2179B 高楡來～楡

0458 榮

榮（seal script）　2

639A ～靡

0459 楡

楡（seal script）　7

2179B 高～來槐楡

564 地～根

0460 本

本（seal script）　6

123 兵以馬爲～

1808 ～始六年

0461 朱

9

2394B
～虎

64
～司馬及焦並還

2117
平望～爵隧

0462 根

2

1179
則逆～傷生

564
地榆～

0463 槙

1

2253
辟柱～到忘相加

0464 樛

1

639A
～平

0465 枯

2

206
校食～草

0466 楨

2

2396B
即付～中隧長程伯

0467 極

3

160
郡空～亢

1305
～知天寒

0468 柱

5

2253
辟～槙到忘相加

817
狐～

0469 樓

1

- 2130 室宅廬舍～殿堂

0470 桓

6

- 207A 與～列書草
- 1816 ～賢良
- 160 因召功～功奉

0471 案

21

- 2390 謹～
- 1365 ～論尉丞
- 19 謹～
- 185 謹～
- 371 若以刀刃～靡桼

0472 椎

4

- 1698 短～
- 691 長～四

0473 樂

31

- 845 坐雖不樂好相～
- 1751 ～見決事
- 1788 臣竊～之
- 1464A 始～尹虎買布
- 639B ～恢
- 1409A 莫～於温
- 1728 大守常～
- 1291 ～至卒印

0474 札

5

- 2146 長以～署表到日時
- 1402 ～百五十

0475 檢

4

- 974B 詫檄～下
- 77 檄書～下
- 1074 ～繩遣車口

0476 檄

43

- 624A 出南校～一
- 2396A 楊～一詣府
- 1450 ～到
- 1373 ～到嚴教吏卒
- 1896 將軍令逢～還
- 1896 令宜爲～告賈史
- 46 爲～欲移鄣善
- 934 慶～它毋聞知
- 91 崇～與敦德尹

0477 權

1

- 1418 皆在安定～中田

0478 梁

14

- 639A ～賢
- 557 佐～買胡人柭板

0479 校

26

- 981 部～以下
- 1300 ～尉史司馬
- 981 持～尉印

	0480	0481	0482	0483 新	0484	0485	0486
	橫	檮	休	櫂	楪	椵	櫆
	2	5	12	1	1	1	1
169 今茭又盡~	697 揚~興等	1395 第二~	1028 ~葦葦	238B 願且借長~椵	2096A 一~	238B 長櫂~	2390 陳~自問
62 ~尉任巨通		1394 第一~	1032 初格葦~				
1300 ~尉錢人五萬							

0487

之

254

之部

793 閴胡隧長鳳敢言～

793 名籍一編敢言～

42 馳告～

7A 具記～

47 此欲大出兵～意也

105 聖朝～意也

1897 公輔～位

1975A ～林

113 夜往胥射～

235 將軍～功也

1448A 謹視皇大～

1161 士吏義敢言～

126 知審所～

796 以令出關敢言～

189 敢言～

617 敢言～

239A 欲益～

61 ～茲平

238B 故恨～也

238A 鳳報歸～

238B 願且憂～

238A 黨可發～

109 欲定推～重賞

770 廣武候長尚敢言～

巿部

0488

師

33

241 因車～

69 寇車～

86 故車～後亡

89A 車～侯伯

88 車～侯伯

113 車～侯

出部

0489

出

246

2183 自～言狀

795 ～關致籍

2220B ～時在鄣

249B ～尤別

47 此欲大～兵

116 爲敦德還～

55 未～所過郡

521 都尉～追未還

315 ～靡九斛

0490
賣
23

796 以令~關
276 ~戍卒卌人
235 李~所久居

776 所~宅耿孝所
239A 今致~目宿養之
1464A 所~布

朩部

0491
南
22

2367A 桼月東~鄉
2146 盡~端亭
2056 ~首者貴

1649 河東郡汾陰~池

生部

0492
生
22

2395 宋~成行諏
1179 則逆根傷~
311 掾周~期

1457A 程幼~東
1901 周~萌白

桼部

0493

桼

28

88 桼十~人

88 ~十桼人

149 將~八千人皆發

63 ~月晦日

47 擇士~百二十人

束部

0494

束

26

1151 廿~爲一石

1650 人反十八~

239A ~三泉

1692 芮薪十~

1399 率人五十五~

164 ~大一韋

橐部

0495

橐

22

1068 縣官衣~

1135 齋效卒持葛~來

235 貴取~佗

42 ～佗馳告之

口部

0496 回

5

1557 亭隧～度舉

1871 ～往來希

0497 國

63

1925A 始建～天鳳元年

179 始建～天鳳三年

486 和親共治～

532 敦煌安～里

614 新始建～

72 諸～城亂

84 空諸～

66 中～之大利也

0498 因

35

241 ～車師

241 欲誰～循乎

1871 ～請長實

2253 無～以上如之何

2255B ～言狀

2337A ～商車來言

0499 囚 3

1626 送～詣官

266 送～龍勒

931 與此～

0500 固 5

1448B 人～當死

340 中舍～二人=

0501 困 4

41 羸瘦～亟

102 吏士～餓

員部

0502 員 5

673 ～四人

1961 ～二人

貝部

0503 賢 23

1816 桓～良

1448A 存～近聖

639A 梁～

1728 煌大守常樂丞～

1044 臨澤候長董～

335 卒張～

0504 賀

11

283 成里張～

349 ～子使男嘉

321 ～從者

0505 齎

3

795 所～操妻子

2317A 三～都星

0506 貸

11

244A 願～穀一斛

364 候吏所～黍

172 從季卿～轉

102 毋所假～

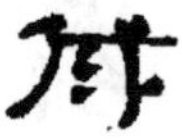

948 亂里～

0507 贛

2

639B ～岑虔

0508 賞

12

1559 高望候長馬～

109 欲定推之重～

0509 賜

20

1962A 幸～書告

662A ～謁大都護丞

1361A ～爵少上造

780A 幸～賈

0510 負

25

1725 ~索

1650 三人~麻

796 敦煌壽陵里趙~

0511 賓

16

845 昆弟~昏善相聞

1225 子~反言予帶家

0512 責

30

1453 即不在知~家

1161 當~威嚴隧

2257 煩一~新舉二蓬

40 今豫爲~備

43 又迫策上~

51 上急~發河西

0513 賈

29

639C ~闌

1271B 破虜隧~按

238A 用~亦可

1896 令宜爲檄告~史

0514 買

28

557 佐梁~胡人櫳板

1464 郭成~布

1464 尹虎~布

553 ~大杕木

0515 賤 9
- 190 盜～爲署
- 619 以就品博募～

0516 賦 12
- 1448A ～斂以時
- 200 ～糧食

0517 貧 6
- 2056 西首者～
- 2390 文書居～

0518 購 6
- 792 ～錢人五萬
- 847 願加益～賞

0519 貴 12
- 2056 南首者～
- 829A 富～隧戍卒
- 235 ～取橐佗
- 239A 目宿大～
- 2089 富～徒尹當

邑部

0520 邑 19
- 2267 ～長堯里
- 817 潁川郡郟～
- 237 毋以～=非意

0521 郡

75

230A 田‖在敦德魚離～東

2309A 名～縣

846A ～子功

1068 上黨～五鳳四年戌

55 未出所過～

283 入～倉

123 前～

61 大原～

51 河西三～

2229 殺同～略陽完城旦

160 ～空極亢

0522 都

131

1925A 玉門大煎～

521 ～尉出追未還

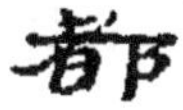

283 大煎～步昌候史

795 大煎～萬世候長

285 大煎～士吏牛黨

1254 敦煌玉門～尉宮

57 西域～護領

60 關書大泉～

45 在泉～

144 ～護諸部史在

672B 調行玉門～尉丞事

488A 從罷～護出

0523
鄯

8

114
反我~善

114
今恭奴言~善反我

46
爲檄欲移~善

0524
邠

2

288
到~部監從事

0525
部

87

1475
東~

808
右~有能者名

545
高望~

1960
西~候長

1949A
使告~從事

2221
西~

2142
牧監之~

618A
游~取獲

971
閒以戊~餓乏

0526
鄐

2

1451
~郢

0527
郟

1

817
穎川郡~邑子長里

0528 鄧

4

639C 賈闌~

285 益壽里~尊

0529 郢

2

1451 鄗~

0530 鄣

21

983 守棄亭~逢隧者

1998 玉門~尉戎

2257 虜守亭~

耶 大煎都候~

91 候~

0531 邪

8

耶 2356C 從容射騎辟~

258 戍卒何池~里

241 毋它不當立人~

0532 郭

21

1464A ~成買布

2425 卒~彭祖

1028 前都鄣卒~縱

0533 郇

1

2323 ~爲工大

𨛜部

0534
鄉

13

2367A 多～

2367A 十月東南～

2367A 桼月東南～

0535重
𨞻

1

巷 1113 昌里一～

第七　日部——㫃部

0536

日

478

日部

1645
七月己卯～

1186B
勞三歲八月二～

1186A
勞三歲九月二～

1854
以令二日當三～

40
十一〃～即

2253
～不顯目兮

2146
長以札署表到～時

318B
十八～

2013
卌～

837
今～夕

1742
以十一月壬申～

837
又今～夕

238B
舍十五～

2402B
□～去時

238A
今～已到

238B
今已十一～矣

100
李司馬月支從即～

1896
宜即～

0537
時

120

177 當應~馳詣莫府

2224 兵四~簿

2142 以~過

1788 當此之~

1962B 春~不和

1448C 春不和~

1448C ~謹伏地再拜請

2146 到日~

2301 ~而行

时 238B 以~成就

2189 大晨一分盡~

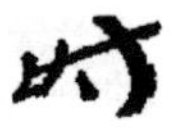
238A 冬~恐內小

40 前去~

2220B 出~在鄣

2173 不得以~行

0538
早

4

573 ~（皂）布袍一領

1686 ~（皂）布袍一領

0539
昧

1

1300 尚書臣~死以聞

0540
昭

1

622A 致~自愛

0541 晏

7

1108A 大司徒～

614 誅虜候長～敢言之

257 王～年三十

0542 昏

4

昏 845 昆弟賓～善相聞

803A 正月己亥～時

0543 晦

11

60 十月～

45 期～來

130 十一月～

0544 昌

61

177 借尹史侯～馬

283 大煎都步～候史尹

1254 屬漢～

1972B 史步～

1685 別治富～隧

258 益～府

1684B 傳至廣～

2278B ～叩〓頭〓

185 丞治步～隊

0545 暴

2

73 ～深人民

1374 蓋毋令～露關戾

0546 昆

4

486 小～彌卑爰寔

845 ～弟賓昏善相聞

1683 ～侖第三

0547 普

6

523 隧長霜～等

7A 候～白

7A ～屬從酒泉來

7A 前～所寄弓及韋

0548 新 昂

2

190 ～迹見

日部

0549 旦

17

2296 ～迹

329 八月～入關

1812 完爲城～

㫃部

0550 旃

3

225 令爲治～

687 曲～一

0551 游

9

62 軍王～君

618A 其七頭即～部取獲

1296A 字子～

晶部

0552 重 星

5

2317A 三齎都～

337 卒李～

0553 重 參

8

639B 秦～

2012 人～茈宛

563B 人～十分

月部

0554 月

662

1645 七～己卯日

1588 五～毋餘米

1452 二～五日第七吏

233A 己～六日到

1186A 神爵四年六～

1186B 訖九～晦

60 十～晦

1715 五鳳元年十二～

194 初歲正～

1960 元和四年八～五日

354 十一～食麥一石

803A 正～己亥昏時

0555 朔

87

2426 五~乙亥

1161 神爵二年二~丁丑

335 十二~食麥三石

1968A 十二~大

100 李司馬~支從即日

226 今~十二日到

796 七月壬寅~

1161 二月丁丑~

1108A 十二月辛酉~

1413 五月庚申~

1948 十二月辛丑~

99 正月丁己~

2426 五月乙亥~丁

614 三年正月戊子~

770 八月辛亥~

0556 霸

2

1751 興~德

0557 期

15

311 龍勒三官掾周生~

45 ~晦來

127 必蒙天有~殄滅

49 ~於不失利

40 ~遣使來

有部

0558

有

104

1191 脾~識

58 俱未~發日

1787 ~客從遠所來

2356A 鏡斂踈比各~工

1834 ~罪

1787 ~凶事

1557 即~蓬火

2300B 未~可以復德長

263A 毋以它病爲解~

1897 君之常~

7A 頃起居得毋~它

127 必蒙天~期殄滅

朙部

0559

朙

50

明 1823 顯~隧藥函

2279B ~逢火

1824A 玉門顯~隧

696 候長~告部吏

1392B 顯~

667 君~治

699 令史～

1847 從誅虜卒壽～桼斗

夕部

0560 夕 4

837 又今日～

837 今日～

0561 夜 31

288 二十六日～

685 一煙～一苣火

113 ～往胥射之

1460B 晝～勿置

1461A 晝～

2257 ～舉離合火

0562 外 31

983 及從塞徼～來絳

1272 卒宋～

981 ～事次孫不知

521 虜塞～及入塞

540 罣門第一李～人

241 將留～也

多部

0563

多

43

50 地埶～阻險

1179 民～疾病

774 酒上～

2367A 東南鄉～鄉辰吉

2253 日不顯目兮黑雲～

169 以故～病物故

田部

0564

虜

79

521 ～即還去

521 ～塞外及入塞

194 誅～候長

263A 誅～守候史褒

263A 次當候～井上

1272 步廣候官破～

614 誅～候長晏敢言之

159 共奴～來爲寇

49 逆～

2257 望見～一人以上

2257 望見～五百人以上

2163 右譴～隧

马部

0565

函

1

1823 顯明隧藥～

卤部

0566

㮚

43

粟 1558A 取～五十石

311 其二十黍斛～

311 入～靡黍十八斛

542 正月食～三石二斗

2165 其十石五斗～

361 入～三石三斗

片部

0567

牒

12

1929 各如～

3 一～

213 此三～

禾部

0568 禾

16

- 1683 宜～部籩第
- 2180 受宜～臨介卒趙詩
- 1683 宜～第五

0569 種

4

- 515 後澤不～
- 1676 ～八

0570 私

31

- 353 承～馬一匹
- 545 ～馬
- 41 以～泉獨爲羅縠

0571 穬

18

- 532 ～麥
- 23 長～麥十九斛

0572 移

59

- 793 謹～兵
- 244B 唯掾以時～視
- 1457B ～八月
- 1254 寫～書到
- 1161 官～檄
- 1167 故今～轉牛
- 1985 謹～九月卒
- 2322 ～書延壽
- 1675 寫～書到

0573 積

57

- 2012 心腹久～
- 2013 腹中毋～
- 143 ～九日乃到三節

（接上頁）
- 238A 卒作治～〓薪〓
- 1655 ～卌人

0574 秩

6

- 673 吏～比六百石員
- 1961 ～各百石

0575 重 康

7

- 25 上牛～
- 796 元～元年
- 1853 穀隧長頓～

0576 稾

9

- 1821 ～矢銅鍭
- 826 ～矢銅鍭
- 825 ～矢五十

0577 年

300

- 795 元始三～
- 1962A ～直居邊候望
- 1715 五鳳元～
- 1854 元～
- 256 ～二十三
- 793 元始三～
- 285 居䎶三～
- 252 ～三十
- 250 萬～
- 674 建平五～
- 1161 神爵二～
- 1108A 元始五～

年（續）

- 233B 將軍前~平安
- 1186A 神爵四~
- 283 居聑三~四月壬辰
- 99 天鳳三~

0578 穀 7

- 25 效~閒田
- 639A 陳~
- 2129 貍皲鄉~

0579 秋 55

- 1186A 玉門千~隧長
- 32A 玉門千~隊
- 2010 宜~卒代仲民
- 2048 宜~
- 1972B 周千~

0580 秦 4

- 1076 ~明臣
- 奈 639B ~參

0581 稱 4

- 26 以~職
- 2179A ~千歲

0582 程 6

639A ～頎

1457A ～幼生東

0583 補 1

1676 賊燔～歸城

0584 稚 8

933 再拜請～公足下

248 武陽里李～賓記

803B 留～

秝部

0585 兼 11

1894 始～史

262 今～定新隊長

239B ～謂子少

239B 願丈人與～車會

239A ～度二十餘日

黍部

0586 黍 7

246 ～米二斛

364 候吏所貸～稷米

米部

0587 米 (58)

- 246 黍～二斛
- 246 白粺～二斛
- 318A 出～三斗
- 364 候吏所貸黍稷～
- 290 范況持～一石
- 318B 出～三斗

0588 精 (4)

- 1557 ～候望
- 51 ～兵

0589 粺 (1)

- 246 白～米二斛

0590 糜 (11)

- 1749 車一兩～
- 320 今餘～百七十二石
- 307 凡～二百五十三石

0591 [illegible] (1)

- **麴** 828 ～五斗

0592 糒 (5)

- 332 六月食～二斗
- 334 六月食～二斗

0593 糧

8

200 賦~食

2390 ~食常有玄之

0594 竊

6

230A 藥~聞循母

42 ~慕德義

凶部

0595 凶

3

2013 血在~中

1787 有~事

朩部

0596 枲

12

385A 六石~長弦

385B 六石~長弦

1838 用~一斤

麻部

0597 麻

1

1650 三人負~

宀部

0598 家

28

1845 以便宜出～

230A 循弟～盡病在田=

173 四卿妻子～室

2337B 病使君徙居衡君～

2033B 姚子～

0599 宅

6

2130 室～廬舍樓殿堂

776 所賣～耿孝所

0600 室

9

2130 ～宅廬舍樓殿堂

173 四卿妻子家～

0601 宛

5

2012 茈～昌蒲

1143 敦煌對～里榦寶

0602 宏

8

551 付御史趙～

331 ～囗府自稟

331 ～正月廿一日

0603 定

44

1186B 憲～功一

2124 朱爵候長～

2317A 鎮～空炁

0604 安 66

1741A ～部

1405 濟陰郡～陶堂里

262 今兼～新隊長

195 崇家在安～

109 欲～推之重賞

1186A 敦煌武～里

1186A 公乘吕～漢

532 敦煌～國里茈仲

55 ～淨未發兵

63 桼月晦日食常～中

1448A 腃體不～

1751 ～漢不所坐不同

2175A ～漢隧長

0605 察 17

2183 督薰不～

1780A ～地刑

1448A 審～腃言

0606 完 52

1925A 玉門大煎都兵～

239A 到～取之

2259A 弩[巾盾]一～

2241B 六石系承弦一～

1818B 銅鍭五十～

1784 三百九十七～

1784 服一～

0607
富

20

829A ～貴隧戍卒

266 ～昌隊長宋恭

785 ～成妻侍王

0608
實

13

813 其一人～虛

1140A ～朱得家

1871 少～諸弟

0609
容

1

2356C 玉玦環佩靡從～

0610
寶

2

1144 敦煌對苑里賖～

0611
守

93

57 倉～司馬

1892 ～丞章

2147A ～御器簿

793 ～御器

983 ～棄亭鄣逢

983 不堅～降之

263A 誅虜～候史褒

484 ～府從事

1254 如大～府

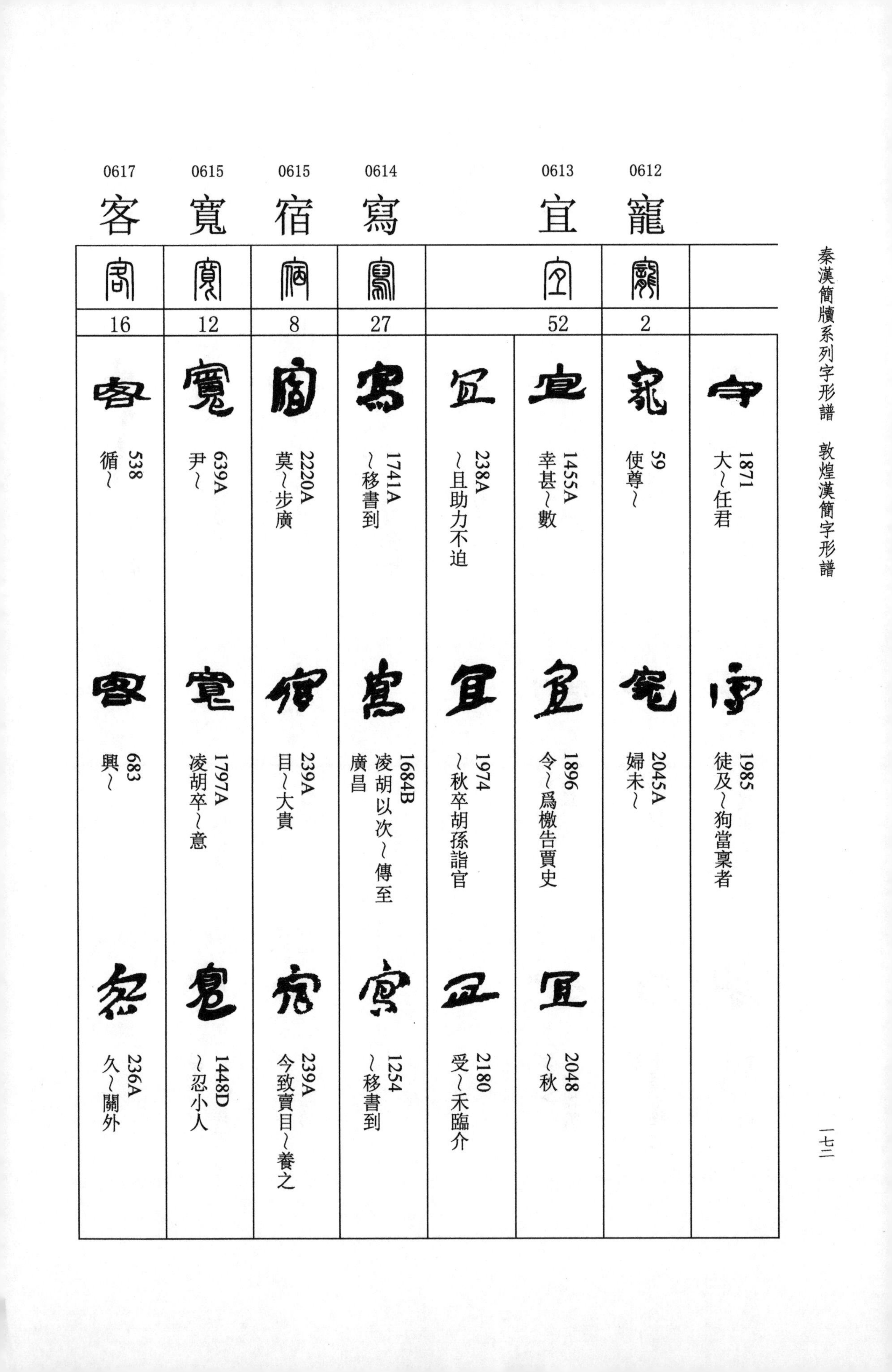

字	出處	辭例
（續前）	1871	大～任君
	1985	徒及～狗當稟者

0612 寵 （2）

出處	辭例
59	使尊～
2045A	婦未～

0613 宜 （52）

出處	辭例
1455A	幸甚～數
1896	令～爲檄告賈史
2048	～秋
238A	～且助力不迫
1974	～秋卒胡孫詣官
2180	受～禾臨介

0614 寫 （27）

出處	辭例
1741A	～移書到
1684B	凌胡以次～傳至廣昌
1254	～移書到

0615 宿 （8）

出處	辭例
2220A	莫～步廣
239A	目～大貴
239A	今致賣目～養之

0615 寬 （12）

出處	辭例
639A	尹～
1797A	凌胡卒～意
1448D	～忍小人

0617 客 （16）

出處	辭例
538	循～
683	興～
236A	久～關外

0618 寒

14

183 誠～願得禱及繒

2013 股～

1305 極知天～

0619 害

7

495 敦煌～陽亭和

850A 毋～人宛毋小德

782 爲吏民～

0620 宋

15

1272 隧戍卒～外

339 庠地候史～賀

321 大男～望

1972A ～延年

62 大司空大夫～仲子

2395 給脩到～生成行諏

0621 宗

13

551 倉曹史～

667 ～殺身

1332 省～調張照

宮部

0622 營

7

1451 ～庇邵駢

50 舍宿～止宜

呂部

0623 呂

3

1916A 大夫～年

1035A 敦煌大富里～遂成

穴部

0624 竇

1

1462 翟如～數

0625 空

11

567 ～陰耳

160 郡～極亢

2317A 鎮定～炁

62 大司～大夫

0626 究

1

668 ～賈明不私

疒部

0627 疾	0628 病	0629 疵	0630 疕	0631 瘦
10	44	3	1	1

0627 疾（10）
- 1179 民多～病
- 1172 顯明卒李去～
- 1624A 苦～宜伏前問

0628 病（44）
- 177 獲馬～
- 263A 毋以它～爲解
- 1179 民多疾～
- 1028 前都鄣卒郭縱～
- 2098 趨走～狂
- 1645 罪軍～已
- 169 穀氣以故多～物故
- 2033B 文通～姚

0629 疵（3）
- 2098 ～疕灾疾
- 781A 謹～

0630 疕（1）
- 2098 疵～灾疾

0631 瘦（1）
- 庚 41 羸～困亟

冂部

0632
同
同
17

2356B 沐浴前搣寡合～

1448A 與地合～

58 與～心士六十人

1068 庸同縣～里韓眉中

1751 安漢不所坐不～

2229 殺～郡

冃部

0633
冒
冒
1

2142 可不～哉

㒳部

0634
㒳
㒳
65

283 轉一～半㒳

283 轉一㒳半～

532 玉門轉一～

563B 善者一～

1075 其四～

1185 ～角

网部

0635

罪

50

26 死～死罪

26 死罪死～

176 死罪死～

176 ～當萬死

176 ～罪死罪

1975A 叩頭死～死

0636

署

20

1992 今遺詣～

2146 長以札～表到日時

190 以迹候盜賤爲～

563A 蜀～存付

688 所假留～所

0637

罷

17

43 少～

1685 大煎都候丞～軍

1665A ～軍

488A 從～都護出

0638

置

14

1290 效穀縣泉～

1460B 晝夜勿～

1461B 勿～

1459B 晝夜勿～

0639 重 羈 1

172 已得長～止

巾部

0640 巾 6

634 布～各一

1144 絮～

1144 布～

0641 幣 2

984 ～部士

0642 帶 11

1051 亭長張奇子小男～

1725 絢爲緤～

1225 子賓反言予～家

0643 常 34

25 效穀閒田～利

2390 糧食～有玄乏

1799 淩胡卒尚～安

1897 君之～有

252 效穀～利里

785 子男～賢

（常）

- 63 桼月晦日食~安中
- 102 送食違~
- 150 ~懼于毋益之罪
- 243A 張~奉記

0644 席（3）

- 1134 辨傳舍牀~
- 1407 出錢二十買~

0645 ⿰巾盾（4）

- 1041 弩~一
- 2259A 弩~

0646 布（36）

- 1453 賣早~復禪
- 1464A 尹虎買~三尺
- 1464A 所賣~
- 838A 賣~一匹
- 634 韥~巾各一
- 633 ~幝一兩
- 1916B ~複袍
- 86 車師後亡侯弟虜~

0647 希（5）

- 784 希~蓬工
- 388 ~在九三

白部

0648

白

66

246 ～粺米二斛

244A 兒尚叩頭～記

1901 周生萌～

615 復～

1836 絛赤～黃

1365 各明～大扁書市

242A 原匡叩頭～

243A 原匡叩頭～

7A 候普～

㡀部

0649

敝

4

1784 六十一羽～

1784 卌七羽～

1658 折傷～絕簿

第八　人部——次部

0650

人

443

人部

1784 卒四～

532 受就～

813 其一～

1960 僦～張季

1462 曰書～名姓

283 受就～

124 足以澹養數十～

294 積二千九百五十～

241 伯朢與～衆

235 ～俱到此

2257 朢見虜一～以上

241 ～皆具

14 膏餅一～

779 寬忍小～愚者

241 毋它不當立～邪

837 ～□一升

135 ～以食爲命

1160 張下千～

0651 仁 3

1355 赦妾青夫～之罪

1987 受尉史～

0652 伋 3

2180 石～

289 關守嗇夫張～

0653 伯 21

241 不審小奴～塱

1464B 長生趙～二石

238A 左～卒今日已到

238B 左～相近

238B 故令左～領之

89A 車師侯～

88 欽將～等

88 車師侯～

0654 仲 19

2188 願君～辯

2245 吴～皇

1871 子～

532 芷～

62 大夫宋～子

0655 倩 2

1872 廣衍長楊君～

0656 侯

1

- 174 ～茅士

0657 仿

1

- 2322 王～

0658 佗

8

- 2066 尉史官橐～一匹
- 235 貴取橐～
- 42 遺橐～馳告之

0659 何

57

- 2253 無因以上如之～
- 774 柰老～
- 1742 ～候
- 239B 如～也
- 1160 張下千人～
- 235 幾～
- 2173 宋君度耐～日發乎
- 1676 以不知～人發覺

0660 備

19

- 69 警當～者
- 2187B ～行不在五丈上
- 1068 脩成里閭～
- 40 今豫爲責～

0661 位

2

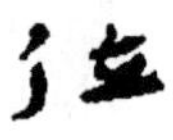

1897 公輔之～

0662 依

1

1780A ～阻險

0663 侍

6

785 富成妻～王

89A 卑爰䆠～子

0664 付

60

1960 元～平望西部候長

1464B 凡九斛前～卿爲入

1291 大農～

7A 幸爲～左曼卿

624B 行～止姦

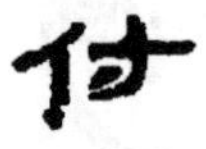

2394B 朱虎～趙羌

1469 以～子竟

0665 伍

1

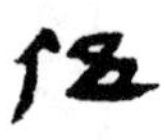

214 須具～任乃予符

0666 什

2

135 馬畜物故～五

0667 作

60

- 983 ～如
- 1731 初～
- 2157 人～百五十
- 238A 卒～治積"薪"
- 238B 亦能將卒～
- 1461A 蒼頡～書
- 1459A 蒼頡～書
- 1460A 蒼頡～書

0668 借

3

- 177 ～尹史侯昌馬
- 238B 願且～長櫂椵

0669 候

242

- 263A 誅虜守～史褒
- 263A 次當～虜井上
- 770 廣武～長
- 1559 高望～長馬賞
- 2314 詣～所
- 285 ～史尹欽
- 1557 精～望
- 2146 各謹～北塞隧
- 1960 西部～長
- 2126 平望～長邢珍
- 1985 西部～長治所
- 2220A 敕情～望

0670 代

24

1962B 甚苦~塱

1917 平塱~

7A 當西~

238A ~長勉券

1300 司馬千人~

91 ~鄣

254 成衆~楊鴻

244B 須以調~

2175A ~王育受音

1974 ~適

0671 儀

3

1903 襄~亡入塞

681 敦煌壽王里田~

0672 便

11

1684B 縣~處

1845 以~宜出家

1896 ~内客玉門

2231 漆木~張一

0673 任

21

7A 力所~

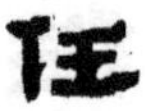
1871 大守~君

62 射聲校尉~巨通

0674 使 115

- 349 賀子～男嘉
- 232B ～
- 1926 以食～車師成君
- 1949A ～告部從事
- 227 爲欲～子知
- 2337A ～君四月中病
- 616A ～卿以可
- 178 務欲箧～之
- 46 毋～行也

0675 傳 25

- 521 人走～相告
- 2325 而～不名取卒
- 1736 ～送衛
- 551 足三月～馬

0676 偏 2

- 3 ～將軍

0677 佻 1

- 774 丁壯相～奈老何

0678 偃 3

- 639D 季～
- 1580 令史～

0679
傷

33

2012
～寒方

177
～水不飲食

1925B
折～簿

1179
則逆根～生

1925A
堅折～簿

1179
～于震

0680
伏

88

1448C
～願翁糸

1963A
中公～地再拜請

1112
～地再

1448C
謹～地再拜

1665B
罷軍～地

1962B
年～願子和少公

1963B
中公～願少

0681
伐

3

1151
～茭千五百石

1009
董獲～〈代〉射大騰

0682
但

3

43
馬～食枯葭飲水

2005A
～數教勑

0683 新
僦

1

1960
～人張季元

0684 佐 17

557 ～梁買胡人櫳板

660 ～遷去簿冊

1838 兵曹書～蓬卿

796 廣德～熹敢言之

0685 免 1

666 已～

0686 倈 1

2253 天門～小路彭池

匕部

0687 頃 7

7A ～起居得毋有它

236A ～久不相見

从部

0688 從 120

792 ～人三萬

7A 普屬～酒泉來

2253 ～淧蒙水誠江河

321 賀～者

344 ～者一人

345 私～二人

1143 護～者

545 ～者

795 ～者

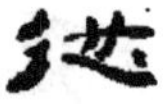
983 及～塞徼外

484 守府～事王椽

987 ～追

55 當西～發軍

比部

0689

比

10

2356A 鏡斂踈～各有工

1160 慶卿～千報曰

129 與將率～上書

北部

0690

北

21

2146 各謹候～塞隧

2062 ～域將尉

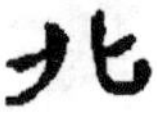
1179 東～來

619 ～地大守惲書言

0691
冀
2

179 ～天下之獄無冤人

丘部

0692
丘
3

829A ～里張丁

788 廣陵嘉平里～丑

㐺部

0693
聚
1

1111 會～百姓

𡈼部

0694
朢
73

1917 平～候

1960 平～西部候長

321 大男宋～

1448C 甚苦候~

1381 平~候官

2126 平~候長刑珍

1559 高~候長馬賞

545 高~部元始元年

2220A 敕情候~

1962A 年直居邊候~

1962B 甚苦候~

243B 自愛~温衣

241 小奴伯~與人衆

1987 平~朱爵隧長

136 何敢~肉

重部

0695

重

22

263A ~事

2347 禹~

1970A ~廿五兩

2014 守衙至~

109 欲定推之~賞

臥部

0696 臥

1

2337B ～未偷

0697 監

6

288 到邠部～從事

1108A 宗伯～御史

0698 臨

36

354 ～子使女

396B 莫持其～臨

662A 辱幸～賜謁

838A ～要隧長

1044 ～澤候長董賢

2180 受宜禾～介卒趙詩

身部

0699 身

10

667 敞宗殺～

1558A 時丞～臨

1448 審察腃言衆～

衣部

0700 衣

31

796 往遺～用

1068 縣官～橐

243B 自愛望温～

	0701 表	0702 裏	0703 襄	0704 雜	0705 裝	0706 卒
	14	3	6	10	4	281
174 爲寒近～裘	表 2146 即舉～	1036 甲鞮瞀毋～	260 河東～陵平望里	191 謹移所～受	177 揚鴻～未辨	1135 齋效～持葛橐來
540 單～一領	2146 長以札署～到日時	225 前付牢掾張～	1886 卒趙～	1457A ～長庱索刃	987 各～待界上	1068 五鳳四年戍～
1962B 近～	161 深～憂念		1903 所毆人死～	1722 ～庱索部界中		1784 右厭胡隧～四人
						7A 倉～爲記
						793 守御器戍～
						1272 戍～宋外

2334 士～

1886 ～趙襄

332 臨要～趙立

1847 從誅虜～壽

1974 虎猛～馮

238B 亦能將～作

694 戍～尚官弘

1799 淩胡～尚常安

238A ～作治積■新■

1291 ～印

243A 謹使～張常奉記

238A 左伯～今日已到

1961 ～史

2290 威胡隊～張廣

2297 虜隧～兒横

裘部

0707 裘 7

542 卒～義

174 爲寒近衣～

0708 重 求 8

2390 ～乞近假歸

159 故～請兵

178 獲致～索

89A 俱～度

老部

0709 老

2

774 丁壯相佻柰～何

0710 耆

8

98 炬恭奴遮焉～

50 臣厶前捕斬焉～虜

92 又前連戰焉～中

0711 壽

25

285 受就人效穀益～里

27 士吏延～在所

2179A 息子身行～觴酒

1847 從誅虜卒～明黍斗

1077 士吏延～敢言之

0712 考

1

2142 其勉於～績

0713 孝

9

2052 漕～寧方

776 所賣宅耿～所

1959A ～與私

776 今取～終一匹

尸部

0714 居

71

- 57 西域都護領～
- 624A ～攝元年
- 283 ～聑三年四月壬辰
- 283 ～聑三年正月癸卯
- 770 ～聑二年
- 285 ～聑三年三月戊辰
- 1962A 年直～邊候朢
- 2337B 使君徙～衡君家
- 2390 文書～貧
- 1829 ～攝三年十一月
- 2165 ～平朢
- 1305 久～石上

0715 展

1

- 1972B 爰～世

0716 尻

1

- 536 久在～

0717 屋

2

553 蓋亭～

尺部

0718 尺

52

164 茭=長二～

1195 角長～七

1194 角長～六寸

1464A 買布三～

1186A 長七～六寸

尾部

0719 尾

2

1649 鳩～折

0720 屬

22

981 官～數十人

7A 普～從酒泉來

1254 ～漢昌

5 ～敦德郡

履部

0721

履

9

270 能爲梟～

1146 革～二兩

1448B 不可得久～

舟部

0722

服

11

2013 ～之廿日徵下

1784 ～一完

方部

0723

方

48

1293A 君候喪當東～警

1972B 鄭子～

1894 史～始建

1687 有～一

2052 漕孝寧～

2012 傷寒～

2057 ～循行不辨

1691 大時在東～

2013 恩與惠君～

1179 風從東～來

1448C ～春不和

980 ～循行

1112 長～伏地再

2215 東～來

儿部

0724 兒

10

396A ～恭報

1872 力舍中～子毋恙

2297 虜隧卒～橫

0725 充

18

1749 候長張～

1052 臨澤隧長李～

1577 戍卒杜～

1296A 乾～字子游

1791 凌隧長～世

兄部

0726 兄

8

222 □使從～

84 詡～子外亡

先部

0727

先

18

159 於使君～知

2324A ～取給

125 伏法爲衆～

132 當～到

見部

0728

見

77

521 ～虜塞外及入塞

1448B 恐～故主

673 員四人～

1886 單衣一～

287 牛黨石門里～

2226A 豈得各久不相～

4 今～泉

1788 久不相～

2257 望～虜一人以上

243B 且已爲今～

45 未與相～

63 獨不～

0729 視 (9)

- 1448A 不復起謹~
- 770 到官~事
- 1448B 不可得久~
- 2253 月不可~
- 2045A 必不即入~

0730 覺 (2)

- 1676 以不知何人發~

0731 親 (10)

- 845 鄰里對門與~友
- 486 和~共治國

欠部

0732 欲 (61)

- 619 無~爲
- 7A 它所~
- 238A ~用治炊内
- 239A ~益之
- 238B ~用治簿
- 2183 ~馳詣府
- 130 所且得報憂~相助
- 43 ~還又迫策上責
- 241 ~誰因循乎

0733 欬

1

2012 治久～

0734 次

34

263A ～當候虜井上

521 如～亭未下蘺

792 與粟～伯等一人

1219A 亭～走行

1974 隧～行

1684B 淩胡以～寫傳

2231 無～要

1917 平望候以～

1448A 胡亥自～（恣）

㱃部

0735 㱃

7

177 飲 ～食

238B 朝莫食～

43 ～水

次部

0736 盜

8

984 共爲督～賊

190 以迹候～賤爲署

1787 輒聞～事

第九　頁部——象部

頁部

0737 頭

161

26 叩～

176 叩～

1975A 叩～

1160 叩～

618A 其一羣千一百～

618A 其七～

618A 凡百八十二～

242A 原匡叩～

243A 叩～再拜白

127 祟叩～死=罪=

158 厶叩～言

0738 顛

64

頟 1962B 年伏～子和少公

1962A 年伏～子和少公

1448C 伏～翁系

238B ～且憂之

238B ～且借長櫂椴

237 ～一二

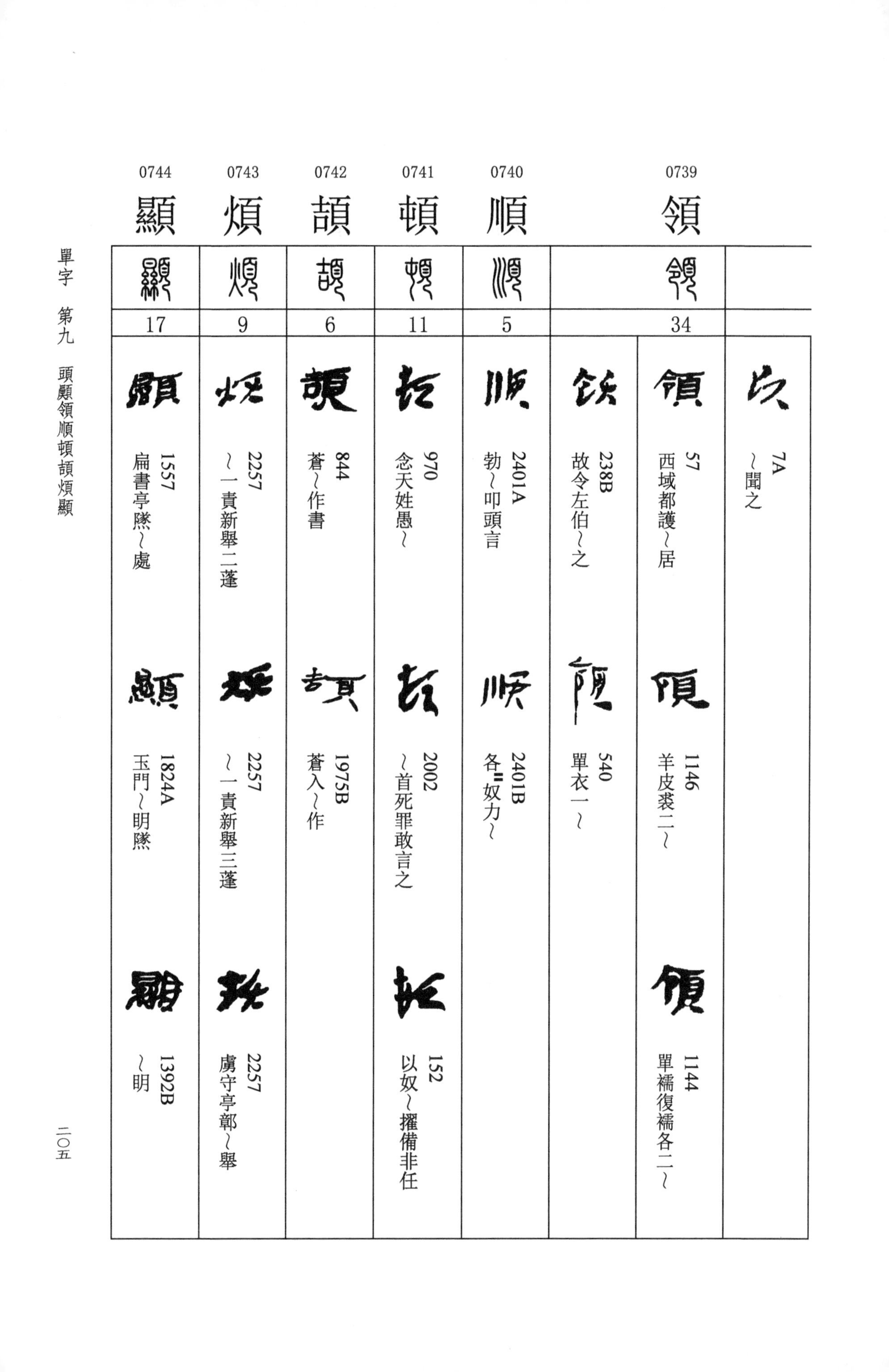

0739 領 34

7A ~聞之

57 西域都護~居

1146 羊皮裘二~

1144 單襦復襦各二~

238B 故令左伯~之

540 單衣一~

0740 順 5

2401A 勃~叩頭言

2401B 各〃奴力~

0741 頓 11

970 念天姓愚~

2002 ~首死罪敢言之

152 以奴~擢備非任

0742 頡 6

844 蒼~作書

1975B 蒼入~作

0743 煩 9

2257 ~一責新舉二蓬

2257 ~一責新舉三蓬

2257 虜守亭鄣~舉

0744 顯 17

1557 扁書亭隧~處

1824A 玉門~明隧

1392B ~明

0745 頎

1

639A 程～

首部

0746 首

20

2056 南～者貴

789 髡鉗～

2002 頓～死罪敢言之

県部

0747 縣

44

1290 效穀～

2146 ～承塞亭

683 不審郡～

1068 庸同～

1068 ～官衣橐

須部

0748 須

18

1135 ～戍急〓

244B ～以調代〓

1685 ～集移官

1305 ～臾

文部

0749
文
33

639C 黃～

2033B ～通病

1329A 王尊記詣董子～所

2390 ～書居貧

131 ～德尹

司部

0750
司
42

57 守～馬

983 妻子耐爲～寇

1071 ～馬

1780A ～馬以下

1300 校尉丞～馬

62 大～空

1300 史～馬

卩部

0751

令

148

532 ~史豊

177 將軍~召

1759 如律~

1671 ~史禹

2057 奉~安揖

2035B ~敢告卒人

1812 ~積浦

1557 ~盡諷誦知之

1949B 從事主事~史

2304A 即~春不來言

238A 可~巨況居

238B 故~左伯領之

125 ~得念誨

1896 ~宜爲檄告

69 如律~

1254 律~

印部

0752

印

21

981 持校尉～

1892 丞～行事

1291 一封冥安長～

1291 大農付樂至卒～

色部

0753

色

5

538 黃～

681 青白～

702 物～及購品皆以前

卯部

0754

卿

85

1972B 趙孺～

58 功～與同心士

239B 子少不當責～也

1586 知子～毋恙

2382B 季～足下

616A 使～以可

2386B 易持季～

7A 幸爲付左曼～

1160 慶～比千報曰

1464B 凡九斛前付～爲入

辟部

0755 辟

15

2253 ～柱楨到忘相加

481A 立～靡

1972B 高～兵

勹部

0756 匈

6

983 亡入～奴

1026 病～（胸）滿

2013 ～（胸）中不復

茍部

0757 敬

15

1373 謹～持兵弩

1459A 謹慎～戒

1460B 謹慎～戒

1461A ～戒勉力調誦晝夜

由部

0758

畏

2

408 保亭棲居常～

厶部

0759

厶

34

60 ～（某）再拜言

117 臣～（某）稽首再拜

132 臣～（某）稽首再拜

118 糞土臣～（某）稽首再拜

嵬部

0760

巍

4

174 以卒～=之功

魏 639A ～嬰

1457B 臣粱巍～池

山部

0761 山（8）
- 1241 當武長～敢言
- 639C 呰～
- 695 候長張～都出

0762 岑（2）
- 639B 贛～虜

0763 密（1）
- 644 □石～

0764 崇（15）
- 194 誅虜候長～叩頭
- 497 ～季父蒲反令輩
- 497 安衆侯劉～
- 127 ～叩頭死=罪=
- 91 大都護～檄
- 133 ～無以復戰

广部

0765 府（93）
- 244B 歲名尹～
- 177 詣莫～
- 1254 如大守～

2097 土～

2183 欲馳詣～

803A 大煎都候詣～

258 上益昌～

0766

庰

12

2261 干～呼

1959B ～候

庰 339 ～地候史宋賀

1784 羽完干～呼

0767

靡

1

639A 榮～

厂部

0768

厭

12

厭 1784 右～胡隧卒四人

250 ～胡卒

1642 ～胡隊長菅敢言之

丸部

0769

丸

6

2331 玉門富昌里～崇

1150 櫝～破

石部

0770

石

269

1321 ～樂寅

532 已入卌七～

1542A 六～具弩一

1558A 取粟五十～

1193 用鞠十～

12 千～

285 入麥小～

349 六月食麥一～

532 小～卌八石七斗五升

532 少十一～

350 六月食麥一～

335 十二月食麥三～

285 麥小石十三～五斗

563B 李～十分

1636 三～具弩

0771

破

25

2180 萬歲楊威隊長～伋

1961 秩各百～

2259A ～胡止姦

1272 步廣候官～虜隧

1037 一封～

長部

0772

長

343

25 隊～效穀閒田

2260 今調守當會候～

1186A ～七尺六寸

2175A 安漢隊～孫

793 闐胡隊～

1985 西部候～治所

1241 當武～

1889 今守候～

1457B 禽寇隧～

1044 臨澤候～董賢

1791 凌隧～充世

1291 一封冥安～印

6B 隊～莆已到

长 61 胡譯～

2180 隊～石伋

2401A 伯先～公

2002 北部候～高翟

238B 願且借～櫂椴

614 誅虜候～晏敢言之

勿部

0773

勿

16

1459B 晝夜～置

1461B ～置

1465C 賦～物

214 ～予符

488B 迢唯～令

而部

0774

而

25

983 ～賊殺之

1062 二五～十

2325 ～傳不名取卒

168 所謂惠～不費

2301 時～行

豕部

0775 豢

3

285 兩豢～

306 豢～定入麥小石三百

豸部

0776 豹

1

2292 正月止寇隧卒夏～

0777 豺

1

1047 翟中～

0778 貍

1

2129 ～⿰豸敕⿰鼠卯穀

象部

0779 豫

4

2356B ～飭刻畫無等雙

40 ～豫爲責備

第十　馬部——心部

馬部

0780 馬

145

177 借尹史侯昌～

615 放趣具窐～

2126 刑珍附～行

177 獲～病

1559 高望候長～賞

545 私～稟致

1044 ～一匹

551 候～食

1300 史司～侯丞人

2018 騩牡～一匹

43 ～但食枯葭飲水

2162 毋費填人～遠

233A 人～毋它

123 ～以食爲命

1045 候長董賢私～一匹

0781 騩

2

2018 ～牡馬一匹

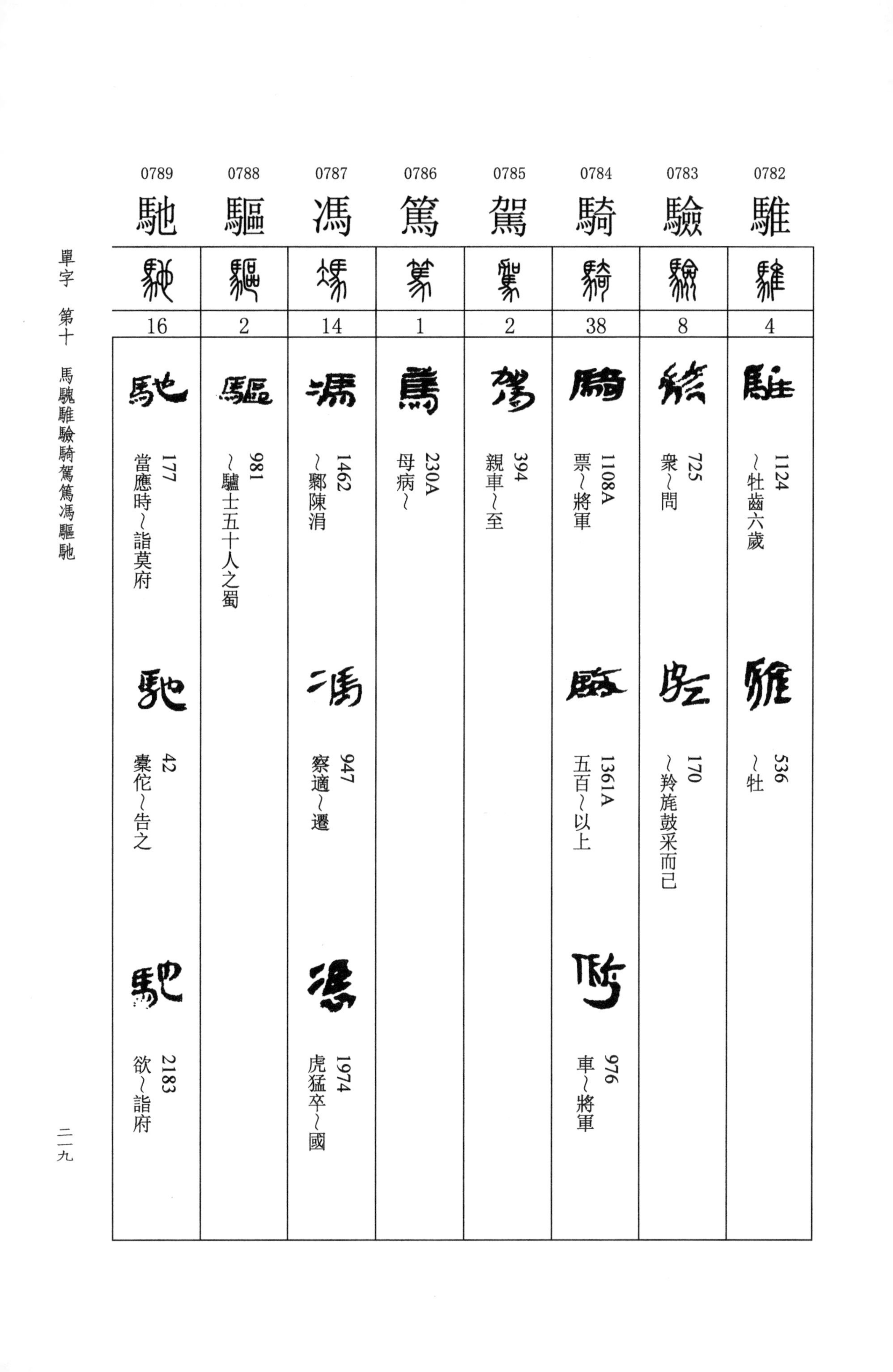

編號	字	數	例
0782	騅	4	1124 ～牡齒六歲 536 ～牡
0783	驗	8	725 衆～問 170 ～羚旄鼓采而已
0784	騎	38	1108A 票～將軍 1361A 五百～以上 976 車～將軍
0785	駕	2	394 親車～至
0786	篤	1	230A 母病～
0787	馮	14	1462 ～鄴陳涓 947 察適～遷 1974 虎猛卒～國
0788	驅	2	981 ～驢士五十人之蜀
0789	馳	16	177 當應時～詣莫府 42 槖佗～告之 2183 欲～詣府

1381 馬～

0790 驚

11

2013 曾載車馬～隋

483A ～備多虜

0791 騫

1

639B 露～

0792 驢

6

981 ～五百匹

981 驢～士五十人之蜀

1124 大陎～一匹

鹿部

0793 鹿

1

2396B ～蒲

兔部

0794 冤

3

769 主馬司馬～等

507A 幸～死

犬部

0795 狗

7

- 1985 徒及守～當稾者
- 2304A 都毋～

0796 狀

18

- 176 毋～當坐
- 132 以～聞
- 2183 自出言～
- 205 夜奔射～

0797 犯

7

- 782 所～尤桀黠
- 2322 玉門丞～□□王仿
- 980 不憂～毋狀

0798 獨

10

- 396A 食不～食
- 41 以私泉～爲羅穀
- 63 ～不見

0799 獲

15

- 177 ～馬病
- 178 ～致求索
- 618A 其七頭即游部取～
- 1009 董～伐射大騰

0800
狂

2

2098 趨走病~

0801
狐

3

817 ~柱

838A 恿敢卒~

犬部

0802
獄

9

179 天下之~

2276A ~掾

能部

0803
能

12

270 ~爲梟履

978A 言君子~行此載者

808 右部有~者名

火部

0804
火

32

1362 滅~

521 止煙~

521 止煙~人走傳相告

（火）	0805	0806	0807	0808	0809 重	0810 重	0811
	然	燔	炊	煎	焦	灾	煙

	10	7	2	47	3	1	5

1557 即有蓬~	147 平定諸國~後歸	1676 賊~補歸城	238A 欲用治~内	283 大~都步昌候	639A ~黨	2098 疵疕~疢	521 止~火

2279B 明逢~	159 使君先知其必~	10 ~薪如品		1925A 玉門大~都	114 南將軍~揗		521 止~火人走傳相告
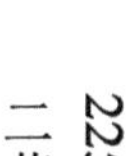	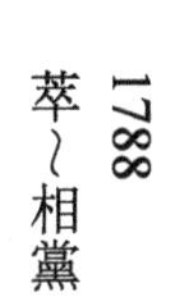						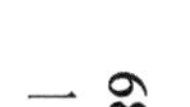
2257 二苣~	1788 萃~相黨			184 大~都丞審移郡倉			685 一~

黑部

0812
煌

60

532 受就人敦～

283 受就人敦～

532 敦～二年三月

1186A 敦～武安里

1235 敦～

623 敦～大守章

944 敦～如昌里

1254 敦～玉門都尉

1291 詣敦～

0813
光

17

1290 置嗇夫～以亭行

878 ～伏地再拜

2082 冥安廄佐～

1671 令史禹～

0814
炁

1

2317A 鎮定空～

0815
炬

3

98 ～恭奴

139 盡力～虜

0816 黑　8
- 2253 日不顯目兮～雲多
- 1166 牛一～
- 2130 猶～蒼
- 690 牛一～黯

0817 黚　1
- 1836 ～黶黯黮

0818 黨　27
- 1068 上～郡
- 639A 焦～
- 662A 馮～書幸致君
- 792 右能捕興～
- 287 欒士吏牛～
- 285 大煎都士吏牛～
- 1788 萃然相～
- 238A ～可發之

赤部

0819 赤　10
- 1836 儵～白黃
- 1730 所假姑臧～盾一
- 1649 假～循

大部

0820

大

262

2337B ～舍東堂地

1448A 謹視皇～〈天〉

60 關書～泉都

321 ～男宋塱

1897 立～功

1147 ～小十

1856B ～黃承弦一

283 ～煎都

2097 ～黃種

62 ～司空大夫宋仲子

486 ～善

47 此欲～出兵之意

1254 如～守府書

1968A 十二月～

126 前～司馬

0821

夷

1

983 外變～

亦部

0822
亦
9

2289 ~與之等

235 此~將軍之功也

238B ~能將卒作

夭部

0823
㚔
92

1186B 父不~死

1455B 董董董~

662A 馮黨書~致君

662A 辱~臨

1659 辱~賜書

1962B ~"甚"

1448D ~賜時記

1000B 訢~"甚"

幸部

0824
睪
1

540 ~門第一李外人

0825
報
24

238A 鳳~歸之

1160 慶卿比千~曰 一

130 且得~憂欲相助

61 諸導～

2014 符空～

亢部

0826
亢

4

160 郡空極～

1970A 任城國～父縑一匹

夲部

0827
奏

12

232A 恙奏～

48 可寫下其～

夫部

0828
夫

44

1290 置嗇～光以亨行

222 元～與吉

796 關嗇～廣德

1161 王～人自言

1916A 大～

1962B 進書～人

62
大司空大～宋仲子

立部

0829
立

36

332
隊長並付～

332
臨要卒趙～

1897
～大功

143
～檄府大尹

565
～秋

竝部

0830
竝

20

2029
須～行

1162B
後入～

502
～叩頭

537
大煎都候長孫～

332
隊長～付立

64
朱司馬及焦～

思部

0831
思

9

1971 薛用~

105 ~念其便利

心部

0832
心

10

2012 ~腹久積

58 功卿與同~士六十人

2365 柳張軫氏~

0833
息

3

2179A ~子身行

779 ~子來卿叩頭

0834
情

2

2220A 敕~候望恐

0835
意

25

1972A 用日約少誠快~

47 此欲大出兵之~也

237 毋以邑=非~

105 聖朝之~也

0836 應

8

177 當～時

1036 皆不～簿

1412 魯王毋以～

0837 慎

9

1459A 謹～

1460A 謹～

1461A 謹～

1448B ～毋敢

0838 忠

8

2048 宜秋～察適

2245 程～信

2175A 安漢隧長孫～

0839 快

2

1972A 用日約少誠～意

0840 念

10

2045A 飯～故人

162 ～

161 乃深表憂～

0841 憲

5

1960 西部候長～

1186B ～定功一

0842 惲

1

619 北地大守～

0843	0844	0845	0846	0847	0848	0849	0850
恢	恭	恩	慶	慕	急	愚	忽
1	7	15	10	1	42	11	25
639B 樂～	114 今～奴言	1254 掾～	2109 駗～	42 竊～德義	7A 皆毋它～	661 寬忍～小人細	1448B ～=錫=
	266 富昌隊長宋～	2013 ～與惠君方	934 ～檄它毋聞知		1962A 甚～不得	779 寬忍小人～者	130 不～=
		1872 得蒙厚～	1160 ～卿比千報曰		51 上～責發	66 臣～以爲	237 ～於至計

1365 毋～

1759 毋～

777 願毋～

0851
忘

5

1411A 鬼神～女

2253 辟柱槙到～相加

0852
恣

1

2253 從～蒙水誠江河

0853
恨

6

178 當令毋所～

238B 故～之也

0854
悲

1

1409A 莫～於寒

0855
恙

33

1962A 少公毋～

1963B 少君毋～也

1448C 足下善毋～

1586 知子卿毋～

2226B 己己中～史己

0856
恐

15

177 惶～

239A 留久～舍食盡

2220A 敕情候望～

	0857	0858	0859	0860
	惶	慙	憐	忍

	4	3	6	5
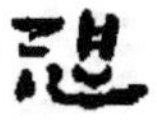 1448B ～見故主	 177 ～恐	 1990B 誠慙誠～	 183 將軍哀～	 661 寬～愚小人細
 43 ～盡死	 973 見兵必～恐	 1990B 誠～誠慙	 667 哀～全命	 779 寬～小人愚者
 52 誠～誤天時				 125 將軍復不～

第十一　水部——非部

水部

0861 水

27

177 傷～不飲食

58 發盧～五百人

2253 從恣蒙～誠江河

2317B 金木～

43 馬但食枯葭飲～

1008 美～

0862 河

19

2253 從恣蒙水誠江～

195 ～平元年

51 ～西三郡精兵

1649 ～東郡汾陰南池里

0863 江

4

2253 從恣蒙水誠～河

2289 雨起～海

2415A 吏～涼相拊授

0864 温

2

1409A 莫樂於～

243B 病望～衣

0865 漢

23

1751 安～不所坐不同

1254 屬～昌

1186A 武安里公乘吕安～

2241A 利～

2165 天～三年

0866 漆

1

2231 ～木便張一

0867 汾

3

1649 河東郡～陰南池里

1636 河東郡～陰高氾里

0868 灌

2

2253 州流～注兮轉揚波

0869 深

12

1473 亭上～目

1475 東部～目

1472 旁郡～目

161 乃～表憂念一日

0870 泄

3

2012 止～

1997 須臾當～下

0871 淩 (20)

- 1791 ~隧長充世
- 1799 ~胡卒尚常安
- 1792 ~胡

0872 濕 (1)

- 567 雲氣將出~有理

0873 治 (42)

- 1459B 辯~超等
- 1460B 辯~超等
- 1461B 辯~超等
- 2008 ~傷寒
- 2396A 詣清塞掾~所
- 667 君明~
- 225 令爲~旃
- 1985 西部候長~所
- 243B 匡~事大
- 238A 卒作~積〓薪〓
- 238A 欲用~炊內
- 486 和親共~國

0874 海 (7)

- 2253 興章教~兮誠難過
- 2062 西~
- **海** 2289 雨起江~

0875
氾

4

1636 汾陰高~里

246 遣史~遷奉到

0876
清

6

2396A 詣~塞掾治所

107 故不立涤~

0877
淵

14

7A 左子~

7A 子~舍中

0878
澤

13

1044 臨~候長董賢

1052 臨~隧長

1813 長趙卿謁候史~

0879
沙

9

618A 還~萬

1714 晝~中天田

2396A 高~督烝印

0880
浦

1

1812 令積~（蒲）

0881
決

6

1751 樂見~事

172 即馬未~

海 1448D 毋行所~（悔）

0882 注

1

2253 州流灌～兮

0883 涼

1

2415A 吏江～相拊授

0884 減

3

減 1305 舉露～水

971 求至省～

0885 滅

14
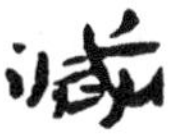
滅 1897 可以殄～諸反國

127 必蒙天有期殄～

1448A ～門絶紀

2279B 道者□～

沝部

0886 流 重

2

2253 州～灌注兮轉揚波

0887 涉 重

1

639B 秦參～競

川部

0888 川

9

817 潁～郡郟邑子長里

829A 潁～郡陝業丘里

0889 州

4

2253 ～流灌注兮

2062 雍～

泉部

0890 泉

40

1290 效穀縣～置嗇夫

239A 東三～

41 以私～獨爲羅縠

45 其導三人在～都

47 ～此欲大出兵

47 錫～人

灥部

0891重 原

6

700 有詔發詣五～郡

61 太～郡

243A ～匡叩頭白

永部

0892 永

30

1281A ~平六年

2176 ~平四年

2089 ~平十一年

769 ~光元年五月

谷部

0893 谷

6

1867 玉門當~隧

2289 風發絡~

73 尚隱匿深山危~

仌部

0894 冬

15

29 卯酉立~

238A ~時恐內小

雨部

編號	字頭	篆文	數量	字形
0895	雨	雨	7	 567 天不耐~空陰耳  63 陰~
0896	震	震	3	 1179 傷于~  1179 則逆~五穀
0897	露	露	9	 639B ~騫  1305 久居石上舉~滅水
0898	霜	霜	1	 523 隧長~普等
0899	需	需	1	 644 五斗~

雲部

編號	字頭	篆文	數量	字形
0900	雲	雲	8	 567 ~氣將出  2253 日不顯目兮黑~多

0901 重 **云**

3

64 ～何行

502 語爲～

魚部

0902 **魚**

7

230A 田=在敦德～

1683 ～澤第四

龍部

0903 **龍**

21

1975A ～勒長林

1975A ～勒長之印

624A 詣～勒

非部

0904 **非**

15

2253 月不可視兮風～沙

973 見兵必惶恐悔～

237 毋以邑=～意

第十二　乙部——系部

乙部

0905

孔

3

2174 代～充受卒移

不部

0906

不

289

1962B 春時～和

1788 久～相見

1448C 春～和時

177 傷水～飲食

2183 督薰～察

238A 宜且助力～迫

983 ～堅守降之

7A 迫～及一二

241 ～審小奴伯

1448A 衆～復起

1448A 腃體～安

1186B 父～幸死

1676 以～知何人發覺

285 少～滿車

241 毋它～當立人邪

63 獨～見

40 ～到十一＝日

130 ～忽＝

1860 ～爲

至部

0907

至

67

2337A 未及～前

1788 酎～四五斗

125 令得念誨～今

143 二十三日～泉都

237 忽於～計

1455A 幸甚宜數～前

0908

到

102

1450 檄～禽寇

2194 ～陽威隧

263A 記～

288 ～邠部監從事

7A ～會左曼卿

2253 辟柱楨～忘相加

2146 長以札署表~日時

770 ~官視事

1254 寫移書~

1741A 寫移書~

238A 左伯卒今日己~

235 俱~此亦將軍之功

40 不~十一=日

102 逋不以時~

2215 吞胡通~

西部

0909

西

78

7A 當~候

55 當~從發軍

837 今日夕~內

2221 萬歲東~部

2191 來~通

2062 隴~

1985 ~部候長治所

142 使~域大使

1960 ~部候長憲

1800 敕~土宣廣三

51 河~三郡精兵

57 ~域都護

戶部

0910 戶

12

1361A 二百～

1747 馬矢塗亭～前地

1361A 食邑百～

1852 ～關

160 萬～來政道

0911 房

12

282 滑護字君～

1042 威嚴亭卒陳功～

1135 李君～記告成君

門部

0912 門

115

1881 玉～官亭

532 玉～轉一兩

624A 玉～關候詣龍勒

795 玉～大煎都

812 鋸～板

2055 ～都尉陽

1974 玉～官

1186A 玉～千秋隧長

32A 玉門千秋隧

1998 玉~鄣尉戍

540 罼~第一李外人

949 玉~關候乙

1896 便内客玉~

672B 調行玉~都尉丞事

0913 閭

2

1448B 下敦~里

0914 閣

3

1068 脩成里~備

1041 戍卒~弘

0915 閒

16

25 効穀~田

1854 亭~田東武里

41 ~以當與

0916 闌

1

639C 賈~

0917 閉

2

閈 1421 重門~

0918 關

65

795 出~致籍

796 ~嗇夫廣德

176 詣~門留遲

784
臧～東

288
敦德詣～

624A
玉門～候詣龍勒

803A
受～佐楊籌

60
～書大泉都

329
八月旦入～

0919
闐

1

793
～胡隧長鳳敢言之

耳部

0920
耳

14

227
⿰牜勞起居～

1166
⿰牜勞犗～

239B
歸乃善～

0921
耿

4

639C
唐美～磐

1649
～禹

776
所賣宅～孝所

0922
聊

2

1742
～禹

0923
聖

4

639A
焦黨陶～

1448A
存賢近～

105
～朝之意也

0924
聽

4

2092 ~今

2094 ~耳寓聽

1448A 必~謂士

0925
聞

51

1962A 年得奉~子

1962A 甚~子和少公

1871 政得長奉~幼卿君

1787 輒~盜事

2289 臣~之

2278A 存~甚厚

226 曰~始公

243B 來人~起居

42 即~第一輩起居

7A 願~之

235 ~且毋決

133 以狀~

1300 尚書臣昧死以~

手部

0926
掌

5

1845 ~故事

170 ~者食輒以時

0927 指 — 4
- 1378 未知所～
- 48 不顧知～

0928 揖 — 1
- 2057 奉令安～

0929 重 拜 — 67
- 1448C 謹伏地再～請
- 1962B 年再～
- 1586 伏地再～子卿足下
- 60 厶再～言
- 243A 叩頭再～白

0930 推 — 4
- 684 ～賢候史高護
- 109 欲定～之

0931 持 — 45
- 981 ～校尉印紱三十
- 1135 齋效卒～葛橐來
- 239B 乃欲～是
- 1135 卒～葛橐來

0932 操 — 2
- 795 ～妻子從者

0933 攝

5

624A 居～元年九月庚戌

聑 283 居～三年四月壬辰

283 居～三年正月癸卯

285 居～三年三月戊辰

770 居～二年八月辛亥

1829 居～三年十一月

0934 抪

1

114 南將軍焦～

0935 把

2

213 其任～關傳

827 立徽臯～弦一

0936 按

3

1271B 破虜隧賈～

1271A 破虜隧長～

0937 掾

34

311 ～田褒受龍勒三

2276A 獄～

225 牢～張裏

235 教言告～

1254 ～恩

0938
拊

1

2415A 吏江涼相～授

0939
擇

2

47 募～士桼百二十人

0940
摵

1

2356B 沐浴前～寡合同

0941
承

36

2146 縣～塞亭

1272 ～弦二

1459A 幼子～調

0942
撫

2

200 明搷～

0943
舉

23

1557 亭隧回度～

2146 即～表

1815 中畫～

238B 又當塞～舍十五日

2257 ～二蓬

1305 ～露滅

2257 煩～

2257 晝～亭上蓬

2257 夜～離合火

0944	0945		0946	0947	0948	0949	0950
擅	失		捶	擊	捕	扜	拘
4	18		3	4	13	1	1
267 敦煌~利里	2057 毋~職	49 期於不~利	984 ~殺人者	1357 ~匈奴降者賞令	792 能~興黨	493 小吏~迫倉達	226 ~校敦德泉穀尋
2325 ~予	178 其意不敢~也		536 兩~	106 ~虜兵	983 ~律		
	52 ~戰利		1906 兩~		224 以府記~吏卒		

0951 揁

1

200 明～撫

女部

0952 女

29

354 臨子使～廉

352 良妻大～君敬

304 ～二人

1906 降歸義烏孫～子

0953 姓

13

2238 送者～名

1463 曰書人名～趙苊

1462 曰書人名～趙苊

683 不審郡縣～

1448A 善禺百～賦斂以理

2190 ～李氏

0954 姜

4

186 士吏～崇

249A ～子

0955 姚

1

2033B ～子家

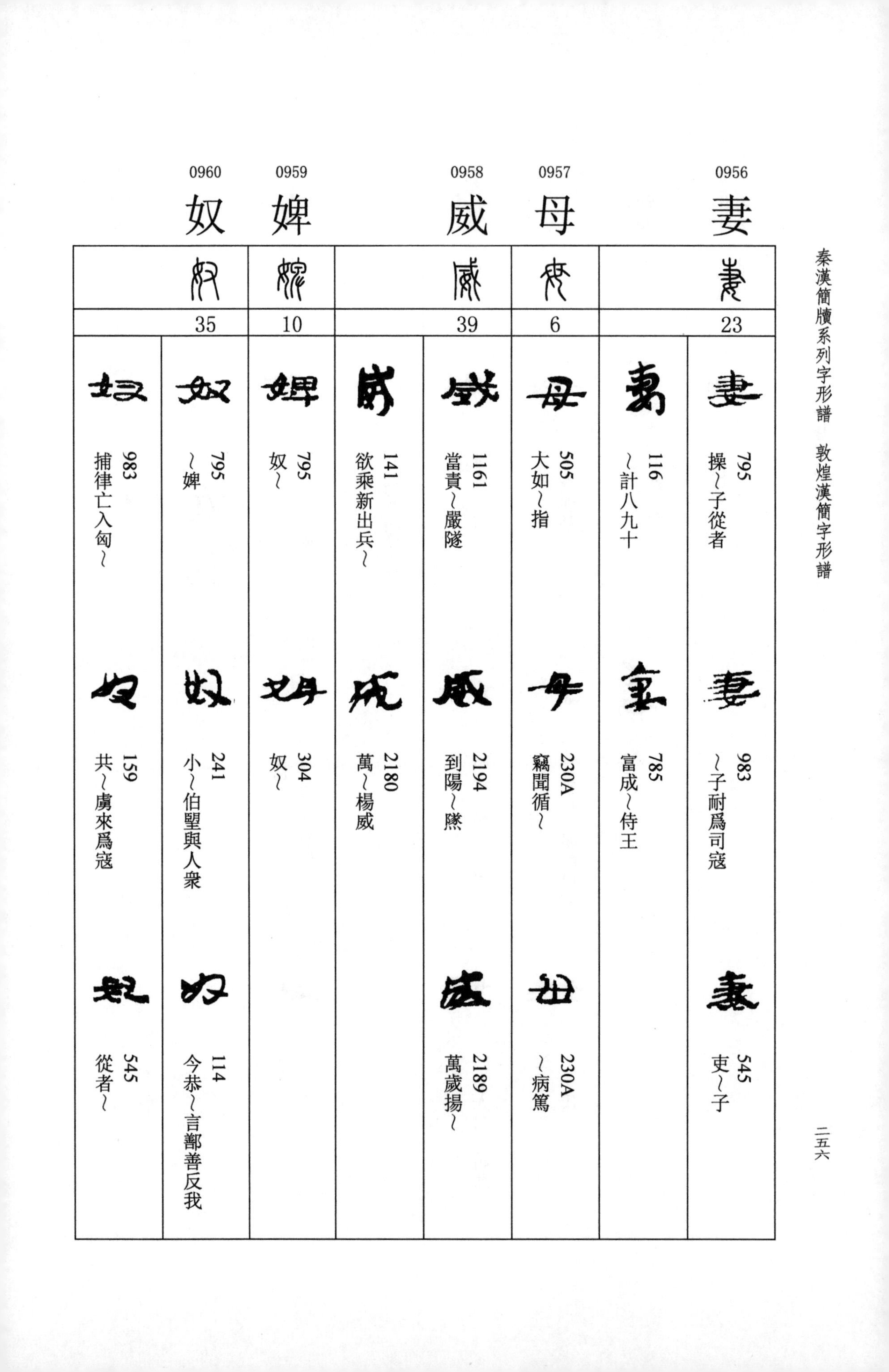

字號	字頭	數量	簡號	辭例
0956	妻	23	795	操~子從者
			983	~子耐爲司寇
			545	吏~子
			116	~計八九十
			785	富成~侍王
0957	母	6	505	大如~指
			230A	竊聞循~
			230A	~病篤
0958	威	39	1161	當責~嚴隧
			2194	到陽~隊
			2189	萬歲揚~
			141	欲乘新出兵~
			2180	萬~楊威
0959	婢	10	795	奴~
			304	奴~
0960	奴	35	795	~婢
			241	小~伯聖與人衆
			114	今恭~言鄯善反我
			983	捕律亡入匈~
			159	共~虜來爲寇
			545	從者~

0961

始

67

1808 本~六年三月

795 元~三年七月

1108A 元~五年十二月

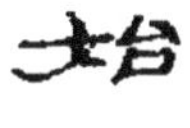
532 元~二年

1925A ~建國天鳳元年

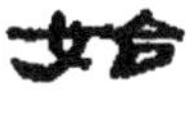
793 元~三年四月

545 元~元年十月

551 元~二年

1859 元~元年七月

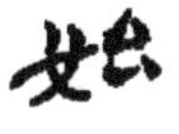
614 新~建國地皇

227 曰聞~公

0962

如

90

1448B 去~舒盧

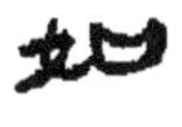
983 作~

6A 狀何~

2253 無因以上~之何

69 ~律令

239B 子少意欲爲~何也

1254 ~大守府書律令

1759 ~律令

1785 ~詔書

1759 ~關書

1463 張豬翟~

1929 各~牒

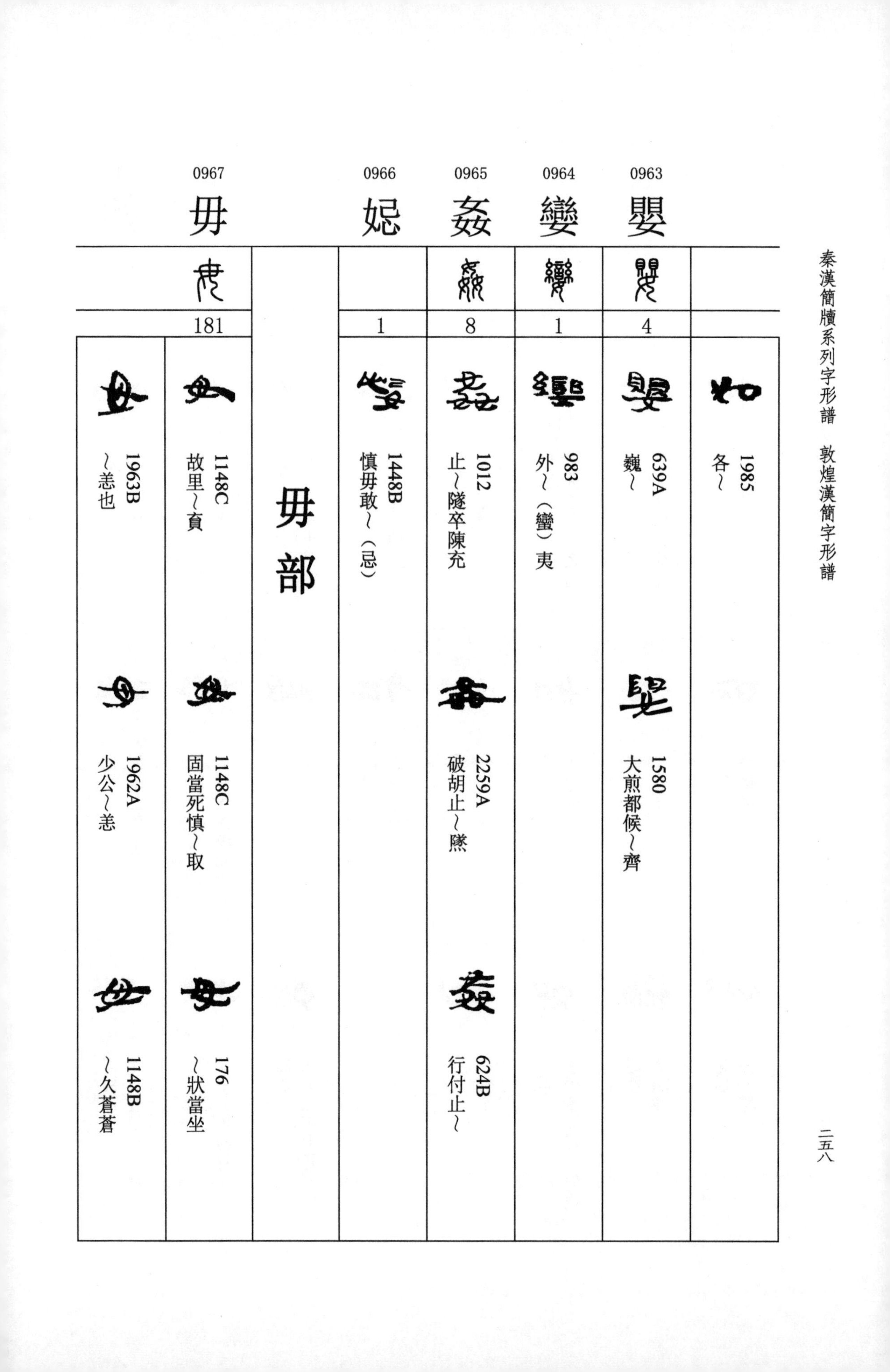

1985	各～

0963 嬰　4

639A	巍～
1580	大煎都候～齊

0964 孌　1

983	外～（蠻）夷

0965 姦　8

1012	止～隧卒陳充
2259A	破胡止～隊
624B	行付止～

0966 ⿰女忌　1

1448B	慎毋敢～（忌）

毋部

0967 毋　181

1148C	故里～負
1148C	固當死慎～取
176	～狀當坐
1963B	～恙也
1962A	少公～恙
1148B	～久蒼蒼

263A ～以它病爲解

1557 ～必

7A 皆～它急

238B 且～以去

241 ～它不當立人邪

160 ～以自遣

1135 必～亡也

521 ～下藁

235 聞且～決

民部

0968 民

20

1179 ～多疾病

69 殺略人～

2010 宜秋卒代仲～

88 ～黍十黍人

乁部

0969 也

52

235 亦將軍之功～

1135 必毋亡～

2255B 至今以何故不來～

1963B 毋恙～

239B 子少意欲爲如何～

238A 雖言當去～

47 此欲大出兵之意～

100 西方起居～

130 新道適千里～

241 將留外～

105 聖朝之意～

105 知鄰國～

238B 故恨之～

氏部

0970
氏

6

2190 姓李～

1663 河東郡皮～

戈部

0971
賊

9

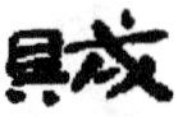
983 而～殺之

2011 畜産相～殺

1676 ～燔補歸城

0972 戍

68

793 守御器～卒名籍

1068 五鳳四年～卒

1135 須～急=

1272 ～卒宋外

807 ～卒穎川

1780A ～卒二千人

0973 重 域

16

57 西～都護

95 西～都護

72 略諸侯欲以威西～

0974 武

39

1186A 敦煌～安里

1241 當～長山

248 敦煌～陽

770 廣～候長

1998 建～十九年

我部

0975 我

2

114 今恭奴言鄯善反～

0976 義

12

542 卒裘～

1161 士吏～敢言之

42 竊慕德～

乚部

0977 直

63

- 1962A 年～居邊候朢
- 14 ～六十
- 13 ～百三十三
- 640 ～三百五十
- 1464A 三尺五寸～
- 555 ～廿二萬
- 558 ～六千七百

亾部

0978 亾

25

- 983 捕律～入匈奴
- 1148C 天地更～
- 1135 必毋～也
- 1559 逐召～吏卒
- 86 故車師後～
- 91 ～已得乘姑墨城

匸部

0979

匹

45

620 欲知～

620 烏孫歸十三～

2018 驃牡馬一～

640 一～直三百五十

981 驢五百～

1057A □一～

997 人一～

匸部

0980

匡

4

243A 原～叩頭白

243B ～治事大

曲部

0981

曲

7

1854 敦德步廣尉～

687 ～旃一

弓部

0982 弓 9

- 7A 前普所寄～及⿱宀韋
- 7A 來～⿱宀韋皆
- 279 劍一馬一匹～二

0983 張 90

- 283 賕長～博
- 283 利成里～賀
- 58 之～掖寧
- 239B 及酒計及～一石
- 1192 ～廣
- 1960 傰人～季元
- 225 前付牢掾～里
- 252 ～詡
- 1463 范鼠～豬翟如
- 张 1160 ～下千人何
- 2231 漆木便～一
- 243A 謹使卒～常奉記

0984 弩 50

- 790 三人張～
- 1542A 六石具～一
- 1636 三石具～

0985 發 41

- 58 ～盧水五百人
- 58 俱未有～曰
- 812 ～墼亭上

0986 彌

2

1141 己~

55 當西從~軍

2173 何日~乎

51 上急責~河西

486 小昆~卑爰疐

弦部

0987 弦

19

1856B 大黃承~一

385B 六石臬長~三

1272 承~二

系部

0988 孫

44

1448B 後世及其~子

2175A 安漢隧長~忠

88 烏~歸義

0989 重 由

10

333 威嚴卒薛~

347 賽子大男~

333 隧長並付~

第十三　糸部——力部

糸部

0990	0991	0992	0993	0994	0995
糸	純	經	繢	絶	縱

7	3	11	1	3	4
 2241B 六石~承弦一	 99 ~據里附城	 350 賀妻大女君~	 2356A 承塵户幭條~縱	 1448A 今將~矣	 2356A 承塵户幭條繢~
 1448C 願翁~		 323 大男~		 1448B 滅名~紀	 1028 前都鄣卒郭~
 1448C 翁~足下				 1448B 此~矣	

編號	字頭	篆文	數量	字例
0996	細		5	 2012 ～辛  661 寬忍愚小人～
0997	約		13	 1972A 用日～少誠快意  217 ～束令卿=盡知之  490A ～至六月奉出
0998	縛		2	 2130 蓋⿰革尞鞞⿰革兒⿸尸乚～棠
0999	終		3	 276 ～更罷  776 今取孝～一匹
1000	繒		4	 183 顧得穤及～以自給  641 〼□～
1001	緑		2	 258 何池耶里～詡
1002	絳		2	 983 外來～而賊殺之
1003	緹		3	 1868 ～紺胡

1004 紺

6

686 緹～胡一

1868 緹～胡

1005 重 綦

1

839A 以賣～毋卿器物

1006 絝

6

1146 羊皮～二兩

1144 韋～

1144 布～

1007 繕

10

1470 日夜～爲

213 縣官當取庸～治

1008 纍

4

943 二人～西門外

累 811 其五人～西門外

1009 繩

7

1074 檢～遣車□

1039 六石具弩三～搖

1010 編

11

793 名籍一～

665 守御器簿一～

1011
絮
篆：絮
6

1144　～巾

172　橐～著自足止

1012
績
篆：績
2

639B　彭～

2142　其勉於考～

1013
絡
篆：絡
1

2289　風發～谷

1014
絜
篆：絜
2

1166　～八

1015
紱
1
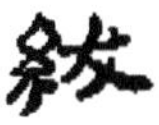
981　持校尉印～三十

率部

1016
率
篆：率
37

1151　廿束爲一石～曰

1584　～人畫若干里

129　與將～比上書

118　五威左～

虫部

1017 雖

4

238A ～言當去也

42 ～煩後

1018 蜀

4

981 驅驢士五十人之～

563A 黄岑～署

1019 蟬

1

2179B 馳～木者

䖵部

1020 螽

2

1362 輒下～

1021 蝱

14

1982 蝱 陷堅～矢銅鍭

570B ～矢銅鍭百

826 ～矢銅鍭四百五十

風部

1022

風

11

- 481A 官興禮樂以～天下
- 2253 月不可視兮～非沙
- 1179 ～從東方來

它部

1023

它

37

- 7A 皆毋～急
- 241 毋～不當立人邪
- 263A 毋以～病爲解
- 7A ～所欲
- 7A 頃起居得毋有～

二部

1024

二

573

- 7A 倉卒爲記不及一～
- 1715 五鳳元年十～月
- 1108A 十～月辛酉朔
- 1272 承弦～
- 770 居聑～年八月
- 1161 二年～月丁丑
- 1183 第卌～
- 1186B 勞三歲八月～日
- 1161 神爵～年

22A ~月

1960 糜~斛

47 募擇士桼百~十人

86 將兵~千餘人

564 府元~斤

1698 短椎~

803A 東書~封

164 茭〃長~尺

87 國中~意不專

143 ~十三日至泉都

51 ~十六日

2157 凡檠千~百

2033B ~月

1025 亟

9

41 羸瘦困~

236B 願子淵留意~

103 留意聞兵起居願~

1026 凡

49

618A 牛~百八十二頭

2157 ~檠千二百

2160 ~檠千三百

2095 ~爲吏三歲六日

304 ~積二百六人

1168 牛~三百廿九枚

土部

1027 土 土 9

1800 敕西~宣廣三

118 糞~臣

玉 174 侯茅~

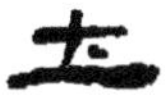
2097 ~圖

2097 ~府

1028 地 地 79

614 新始建國~皇

1448C 伏~再拜請

564 ~榆根

1448A 與~合同

1448B 堂堂之~

1448C 天~更亡

1963A 中公伏~再拜請

1586 伏~再拜

1665B 罷軍伏~再拜請

1029 垣 垣 1

813 塗西門外~下

1030 堂 堂 6

2337B 大舍東~地

1448B ~〻之地

1405 濟陰郡定陶~里

堂 2130 室宅廬舍樓殿~

481A 建明~

1031 墼

26

812 二人受~亭下

2157 其八人作~

2157 凡~千二百

1032 在

58

27 士吏延壽~所

45 ~中

45 ~泉都

2187B 不~五丈上

129 臣厶前~尉梨

2220B 出時~鄣

1033 垩

27

176 毋狀當~

1751 安漢不所~

984 王宏~要

⿱业土 202 ~誤者

尘 236A 田子淵~

1034 城

22

981 ~中莫敢道

99 純據里附~

669A ~里諸家

1035 增

2

- 1854　~勞百桼十桼日
- 2390　~益糧食

1036 塞

62

- 521　虜塞外及入~
- 983　及從~徼外來
- 2146　各謹候北~隧
- 2146　縣承~亭
- 2257　入~
- 238B　又當~舉

1037 壞

2

- 1552　塢陛~敗

1038 新 塗

15

- 218　若~壥社
- 667　肝腦~地
- 813　~西門外垣下

1039 堆

8

- 2147A　平望青~
- 2147A　平望青~

堯部

1040 堯

1

- 1448A　~舜奉死

里部

1041 里

里

173

1448 敦閭~人

283 敦煌利成~

285 效穀益壽~

532 敦煌安國~

1068 同~韓眉中

25 常利~

1186A 敦煌武安~

1068 脩成~閻備

1650 人再反六十~

1649 南池~

130 新道適千~也

252 效穀常利~

99 純據~附城

2016 效穀京威~

1714 畫沙中天田六~

田部

1042 田

田

56

639D ~硯

1584 若干人畫天~

1742 壬申日~

1043 畍	1044 略	1045 當
11	4	129

田

2141 天～

25 效穀閒～

230A 循弟家盡病在～〓

2434 令玉門屯～

2016 ～卌畝

2190 閒～武陽里

畍

界 1722 雜庾索部～中

2296 迹卒會～上

1640 不盡～

略

69 殺～人民

962 虜所～車師大女

963 史護作～抑史

當

263A 次～候虜井上

178 ～應時馳詣莫府

176 罪～萬死

1448B 人固～死

1785 下～用

1867 玉門～谷隧

176 毋狀～坐

1161 ～責威嚴隧

1985 徒及守狗～稾者

2089 富貴徒尹～

2173 ～如何如何

238B 又～塞舉舍十五日

1046 畱

31

7A ～西候

238A 雖言～去也

55 ～西從發軍

69 警～備者

41 閒以～與

2014 ～以付備值

176 詣關門～遲

688 所假～署所

1658 戍卒～署所

803B ～稚

687 所假～署所

236B 願子淵～意

1047 畜

8

2011 ～産相賊殺

135 馬～物故什五

黃部

1048 黃

25

538 ～色

683 爲人短壯～色

639C ～文

男部

1049

男

40

349 賀子使～嘉

321 大～宋塱

347 賽子大～由

785 子～常賢

223 ～庶人吉助茂縛秉

114 子～皆死

力部

1050

力

25

7A ～所任願聞之

238A 宜且助～不迫

1972A 勉～務之必有憙

2075 今～四石六十八斤

1872 ～舍中兒子毋恙

114 焦掮乘其～

1460A 勉～調誦

1459A 勉～調誦

1051

功

31

58 ～卿與同心士

1186A ～一

1186B 父不幸死憲定～一

235 亦將軍之～也

1897 立大～

2257 若～亭章鄣

1052 助	1053 勑	1054 務	1055 勉	1056 勸	1057 勝	1058 勞	1059 加
5	6	8	7	1	7	9	9
130 欲相～	136 願～	178 ～欲篋快之	2142 其～於考績	109 非賞不～	2426 五月乙亥朔丁巳～	981 名曰～庸	2253 辟柱槙到忘相～
238A 宜且～力不迫	1929 各如牒～	1972A 勉力～之必有憙	238A 候長～券		1022 敦煌武安里張～之	1186A ～三歲九月二日	1457B 事前後～
			1972A ～力務之必有憙			1186B ～三歲八月二日	1448A ～曾勝在

1060
劾

6

518 守候長頓嘉～亡

786 ～曰男子甲乘車

1061
募

3

619 以就品博～賤

47 中軍～擇士

1062 新
辦

1

2057 方循行不～

第十四　金部——亥部

金部

1063	1064	1065	1066	1067	1068
金	錫	銅	鐵	鏡	鑿
9	5	11	10	1	2
852A 杜～鉒百廿	1223 ～一	1982 陷堅宝矢～鍭	2231 弦～鉤一	2356A ～斂踈比各有工	1147 斤斧錐～
2143 獲斷～之利焉	47 ～泉人	826 槀矢～鍭三百	773 ～千三石		
		1821 槀矢～鍭百	1069 官～鐔劍百		

1069

錢

88

1970A
直～六百一十八

18
～願卿

776
賈～千六百

1799
責～二百卅

1300
可賜校尉～

1628
以前數收就～

1859
王子～少千八百

838A
又布～百卅四

1753A
五百四～

1070

鎮

1

2317A
～定空烝

1071

鋸

1

812
二人～門板

1072

錐

3

1147
斤斧～

823
～一

1073

鉒

1

852A
杜金～

1074

鍖

1

687
傷毋～

几部

1075 重

處

19

792
知區～

1557
扁書亭隧顯～

1684B
縣便～

且部

1076

且

32

235
聞～毋決

243B
～已爲今見

239A
今～寄廣麥一石

130
所～得報

238A
宜～助力不迫

238B
願～憂之

238B
願～借長櫂椴

238B
～毋以去

653A
受驚～

122
兵器敗傷箭～衆

斤部

1077 斤

34

246 牛肉百～

1838 用梟一～

2066 食十二～半斤

564 府元二～

1078 斧

6

1147 斤～錐

691 長～四

1079 所

147

795 ～齎操妻

1787 有～得

1448D 毋行～海

126 未知審～之

130 ～且得報憂

1985 西部候長治～

683 年卌～

2165 在任君～

1751 安漢不～坐不同

7A 力～任

55 未出～過郡

7A 前普～寄弓及搴

1080
新

17

2314 詣候～

27 士吏延壽在～

2257 煩一責～

1857A 玉門廣～隧

1864 廣～隧長趙豊

130 ～道適千里也

斗部

1081
斗

291

1847 從卒陶陽五～

1847 從掾受五～

2174 五月奉秔麥三～

1947 粟十七石四～

532 八石七～五升

318A 又二～

532 少十二石七～五升

1847 付五～

1082
斛

49

1960 出糜二～

246 黍米二～

246 白粺米二～

1083

升

110

22A 復一~六斗一升

1464B 凡九~

350 八升半~

354 五斗二~

532 少十一石七斗五~

347 二石六斗~

1655 人六~大

532 八石七斗五~

349 八斗八~半升

1926 出粟五石二斗二~

544 用米一斗九~大

837 率人有□一~

837 人余一~

車部

1084

車

73

2238 幾~

69 寇~師

285 少不滿~

241 因~師今反

2337A 因商~來言

113 ~師侯

239A 王子春家~

1718 ~二兩

1085 輒

12

521 ~下蓬

1362 ~下䴸

1086 軍

41

177 將~令召

1645 罪~病已

3 偏將~

47 中~募擇士

235 到此亦將~之功也

55 當西從發~

114 南將~焦捇

125 將~復不忍

62 ~王游君

149 與南將~期會車師

131 厶移偏將~

1087 轉

29

2253 州流灌注兮~揚波

283 ~一兩半兩

532 玉門~一兩

1088 輸

7

619 轉粟~嘉平倉

1262 粟~渭倉

1089 輩 12

- 41 第一~兵俱去
- 42 即聞第一~起居
- 144 第一~起居

1090 斬 6

- 983 皆要~
- 81 且一月~下
- 50 臣厶前捕~焉耆虜

1091 輔 7

- 1897 公~之位
- 1057B 玉門候長高~

自部

1092 官 132

- 981 ~屬數十人
- 1849A ~告顯明隧
- 1881 玉門~亭
- 263A 莊詣~
- 2415A ~雜
- 1974 玉門~
- 1759 移~
- 1254 謂玉門候~
- 1068 縣~衣橐
- 1161 ~移檄曰
- 61 皆以故~行
- 770 到~視事

263A ～告

𨸏部

1093 陵

11

1809 ～胡以次行

260 河東襄～平望里

1094 陰

17

63 ～雨

1649 河東郡汾～南池里

1095 陽

37

795 萬世候長馬～

1894 爲易易～

2194 到～威隧

1847 從卒陶～五斗

1096 阿

4

538 趙放字子～

703B 願子～急

1097 降

11

983 不堅守～之

1906 ～歸義烏孫

2401A 二日亡刀箠收～

編號	字頭	數量	例
1098	附	6	2126 ～馬行；213 便宜作事之皆如～；99 純據里～城
1099	[阝+衣]	2	1124 大～驢一匹
1100	陳	12	639A ～穀；2390 ～槐自問；641 二百～稱君
1101	陶	7	639A ～聖；1847 從卒～陽五斗
1102	除	26	770 初～；195 以詔～爲將田姑；674 五年三月甲寅～；2356C 耶～羣凶
1103	陛	7	1552 塢～壞敗；181 皇帝～下

𨸏部

1104 𨽍 141

隧 1867 玉門當谷～

1186A 玉門千秋～長

1161 威嚴～

1784 右厭胡～卒

2163 右譴虜～

1271B 破虜～賈按

1791 凌～長充

1052 臨澤～長李充

隊 6B ～長莆已到

2189 萬歲揚威～長許玄

1105重 隊 83

隊 1823 顯明～藥函

283 ～長張博

1974 ～次行

四部

1106 四 251

1068 ～年

693 ～百

1731 ～百

四 283	四 1184	四 173	四 551	四 1075
283 ~月	1184 十~	173 ~卿	551 ~月	1075 其~兩
793 ~月	1960 ~年	672A 廿~	838A ~百	2165 ~石
2224 ~時	361 十~	1791 ~年	1947 ~斗	966 ~人

五部

1107

五

460

2097 ~行	1748 ~日
1179 ~穀	1926 ~石
353 ~石	2426 ~月

285 ~斗

1108A ~年

1558A 粟~十石

1452 ~日

118 ~威左率

135 什~

316 ~斛

1818B ~十

674 ~年

532 ~升

355 ~斗

1300 人~萬

2261 右卌~

1706 四百~十五里

2257 ~百人

六部

1108

六

337

14 ~十

23 ~月

58 ~十人

318A 出米二斗麥~斗

1186A ~月

1186A ~寸

1109

七

215

七部

1281A ～年

1407 錢～百八十五

1194 ～寸

1124 ～歲

2095 ～日

2075 ～十八斤

1655 人～升

942 右西門～人

233A ～日

1186A 年卅～歲

1784 三百九十～

795 ～月

1195 角長尺～

1859 ～月

1452 第～吏

1186A 長～尺

618A 其～頭

532 八石～斗

796 ～月

558 直六千～百

532 ～石

2176
~月

2318
~年

九部

1110
九

172

300
六月丙子盡~月

1186A
~月

1186B
~月

318A
~日

315
出靡~斛

1033
~月

978B
第~

1706
廿~日

1784
三百~十七

1985
~月

2089
~日

2160
~人

1918A
七十~石

143
~日

116
計八~十口

内部

1111

禽

4

1450 檄到～寇

1457B 壽謂～寇隧長

1112

萬

60

176 罪當～死

2179A 稱千歲～

618A ～共發其一羣

618A 遝沙～共發牛

1300 史人～

1300 人三～

1300 人五～

1300 人二～

1113

禹

9

1742 聊～

1975A 丞～

1671 屬尊令史～

1649 耿～

甲部

1114

甲

156

1458 ～子乙丑丙

786 男子～

94 六月～寅

1968B 十一日～午

796 七月壬寅朔～辰

297 四月～午

674 建平五年三月～寅

2175A 正月～午

1791 ～午朔

841 ～戌乙亥

乙部

1115 乙

～

159

2426 五月～亥朔丁

770 辛亥朔～亥

949 玉門關候～

1715 十二月～卯朔

565 八月～亥大

1717A 亥～巳

1717A ～亥乙巳

1458 甲子～丑丙

951 甲午～未

841 甲戌～亥

1116
乾

4

1296A
當利里～充字子

388
離下～上

1117
亂

4

948
～里貸

122
戊部～

1118
尤

4

249B
出～别

782
所犯～桀黠

72
狂狡～爲

丙部

1119
丙

141

799
二月～午

379
～子

1645
～戌

1458
甲子乙丑～

2332
三月～子

3
～寅

丁部

1120
丁

146

1717A
～丑

1717A
～未

1808
～丑盡辛卯

532
元始二年五月~巳

2426
五月乙亥朔~巳

1161
神爵二年二月~丑

1900
閏月~未

99
正月~巳

99
~丑

戊部

1121
戊
戊
164

99
~部將軍

119
~部孤單

285
居聑三年三月~辰

522
元始四年二月~辰

614
新始建國地皇上~

614
正月~

1108A
~寅

1948
~午

1717A
~寅戊申

122
~部亂

1642
~午

1122
成
成
44

238B
以時~就

1068
脩~里閭備

283
敦煌利~里張賀

1135 李君房記告～君

1459B 晝夜勿置務～史

1460B 晝夜勿置荷務～史

1461B 勿置荷務～史

己部

1123

己

93

1717A 八日～酉

1322 八月～丑

1560A 八日～卯

2226B ～己中恙史己

1946 十一日～酉

1619A ～丑

187 十二月～巳

1619A ～未

22A ～未

2226B ～己

庚部

1124

庚

122

1161 丁丑朔～寅

1560A 十八日～寅

2074 正月～辰日

624A 九月～戊

1186B 訖九月晦～戊

辛部

1125

辛

118

770 八月～亥

1968A 十九日～未

1808 丁丑盡～卯

辛 1859 七月壬辰朔～丑

1108A 十二月～酉

1186A 六月～酉

1811 申～酉

辡部

1126 辡

5

1461B 計會～治超

1460B 計會～治超

1459B 計會～治超

壬部

1127 壬

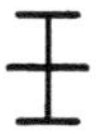

126

1458 ～申癸酉申

551 元始二年四月～午

1859 元始元年七月～辰

615 十二月～辰白

1742 十一月～申日不迹

1478 月～戌

癸部

1128 癸

140

1458 ～酉

2010 十二月～巳

2035B 九月～巳

1987 廿六日～巳

283 ～卯

1291 敦煌十二月～酉

1 ～未

614 正月戊子朔～丑

子部

1129
子
351

1460A
以教後嗣幼~

1458
甲~乙丑

1461A
以教後嗣幼~

1459A
教後嗣幼~

2179A
息~身行

116
妻~皆爲敦德還出

62
宋仲~

3
十二月庚~朔

1871
舍中諸~毋恙

1962B
年伏願~和

795
操妻~從者

1448A
自致天~

7A
左~淵

114
~男皆死

89A
侍~俱求度

1130
字
11

283
~少平

1972A
姓~

1131
孺
1

1972B
趙~卿

1132
季

9

1960 傲人張～元

639D 難～偃

2386B 易持～卿

1133
孟

7

2394B 受王～堅書二

2394A 受王～堅書一封

531 ～晏等

𠫓部

1134
育

7

1008 王～年二十桼

2175A 代王～受音

1135
疏

3

踈 2356A 鏡斂～比各有工

1464A 所賣布～

丑部

1136
丑

116

1161 二月丁～朔

614 正月戊子朔癸～

1859 七月壬辰朔辛～

1717A 丁～立夏

1685 十二月癸～

1637A 乙～乙未甲子

1948 十二月辛～朔

99 正月丁巳朔丁～

2085 月殺～戌

1458 甲子乙～丙

寅部

1137

寅

116

1108A 辛酉朔戊～

796 七月壬～朔

1161 丁丑朔庚～

1998 甲～

1321 石樂～

3 十二月庚子朔丙～

卯部

1138

卯

123

1645 七月己～日

1797A 以己～日出塞

1691 舍～

1808 丁丑盡辛～

283 居聑三年正月癸～

1715 十二月乙～朔

1813 五月十日己~盡

辰部

1139
辰
119

796 甲~

285 戊~

615 壬~白

522 戊~

2074 庚~

283 壬~

2367A ~吉八月

2367A ~吉十一月

1859 壬~

1140
辱
7

662A 君~辱幸臨

662A 君辱~幸臨

巳部

1141
巳
234

2010 十二月癸~

2426 五月乙亥朔丁~

1254 八月乙~

1142

㠯

298

99 正月丁~朔

2035B 九月癸~

1642 七月丁~朔戊午

353 ~（已）稟官

238B 今~（已）十一日矣

523 詣官請奉事~（已）

106 將軍~（已）伏誅

66 ~（已）與鄯善不和

以 61 皆~故官行

51 度~十一月

237 毋~邑=非意

160 毋~自遣

238B ~時成就

1290 ~亭行

41 ~私泉獨爲羅穀

1448A 賦斂~理

26 ~稱職

2253 ~上如之何

1628 ~前數收就錢

1742 ~十一月

1469 ~付子竟

132 ~狀聞

午部

1143

午

113

1642 戊～

1640 七月十四庚～

1948 辛丑朔戊～

1717A 丙～

1791 甲～朔辛丑

未部

1144

未

183

177 揚鴻裝～辨

521 ～下藳

521 追～還

58 俱～有發曰

69 ～知審

55 安淨～發兵

55 ～出所過郡

45 在中～與相見

285 兩～豢

486 內計～

202 黨輩～成

126 ～知審所之

558 ~入

1385 己~

申部

1145
申

116

1742 十二日壬~日

1742 十一月壬~日

1458 酉~

1458 壬~

酉部

1146
酉

119

1108A 十二月辛~朔戊寅

1186A 六月辛~除

1458 癸~申

300 丙子盡九月癸~

300 丙午盡九月癸~

1147
酒

28

246 ~三斛

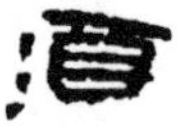
1962B 進御~食

7A 普屬從~泉來

酉部

1148重

尊

15

285 益壽里鄧～

284 效穀益壽里鄧～

戌部

1149

戌

114

1186B 訖九月晦庚～

2085 月殺丑～

812 甲～

841 甲～乙亥

亥部

1150

亥

105

770 辛～朔乙亥

770 辛亥朔乙～

803A 正月己～昏時

2426 五月乙～朔丁巳

841 乙～

1811 酉壬戌癸～

合文

0001

七十

8

1401
百~

1399
二百~五

1918A
~九石

876
百又~

838A
三百~

筆畫序檢字表

一　本檢字表，供檢索《敦煌漢簡字形譜》單字的所有字頭和字頭下的俗寫異體用，由此可檢閱到相關字頭下的全部内容。

二　表中被檢字首先按筆畫排列，筆畫相同的字再按筆順（一、丨、丿、丶、乙）之序排列。

三　每一字頭之後是該字在字形譜中的字頭序號——四位阿拉伯數字，或四位阿拉伯數字加「重」，或四位阿拉伯數字加「新」。例如：「甲　**1114**」表示「甲」的字頭序號爲「**1114**」。

四　鑒於有些字頭和字頭下的俗寫異體較爲生僻，爲便於檢索，本檢字表專門列出了與這些生僻字所對應的通行體，即通過檢索某一生僻字所對應的通行體，也可檢索到該生僻字。具體詳《凡例》第十四條。

一畫

一 0001
乙 1115

二畫

二 1024
十 0168
丁 1120
七 1109
卜 0277
八 0067
入 0421
人 0650
九 1110
刀 0345
乃 0383
力 1050
又 0235
厶 0759

三畫

三 0015
干 0165
士 0027
工 0374
土 1027
下 0006重
寸 0258
丈 0169
大 0820
上 0005重
小 0065
口 0083
巾 0640
山 0761
千 0170
川 0888
亾 0978
及 0240
久 0447
夕 0560
丸 0769
凡 1026
亡 0978
之 0487
弓 0982
己 1123
巳 1141
子 1129
也 0969
女 0952
刃 0358

四畫

王 0016
井 0404
天 0003
夫 0828
元 0002
云 0901重
圡 1027
廿 0172
五 1107
支 0248
不 0906
尤 1118
匹 0979
巨 0376
比 0689
止 0107
少 0066
曰 0379
日 0536
中 0029
内 0422
水 0861
牛 0076
午 1143
壬 1127
升 1083
长 0772
仁 0651
什 0666
斤 1077
反 0242
兮 0387
介 0071
父 0237
今 0417
凶 0595
分 0068
公 0072
乏 0114
月 0554
戶 0910
氏 0970
勿 0773
文 0749
六 1108
亢 0826
方 0723
火 0804
为 0234
斗 1081
心 0832

依 0662
卑 0245
迫 0138
往 0145
所 1079
舍 0418
金 1063
侖 0416
命 0088
斧 1078
受 0326
爭 0327
念 0840
股 0339
服 0722
周 0096
昏 0542

狐 0801
忽 0850
狗 0795
夜 0561
府 0765
卒 0706
庚 1124
辛 1125
妾 0215
放 0323
刻 0349
於 0310重
劾 1060
育 1134
券 0355
炬 0815
炊 0807

泄 0870
河 0862
注 0882
治 0873
宗 0621
定 0603
宜 0613
官 1092
空 0625
宛 0601
肩 0336重
房 0911
建 0154
居 0714
弦 0987
承 0941
孟 1133

狀 0796
亟 1025
降 1097
函 0565
陈 1099
姓 0953
始 0961
弩 0984
迢 0142新

九畫

奏 0827
春 0060
珍 0022
持 0931
垣 1029
城 1034
政 0265

哉 0093
指 0927
按 0936
甚 0378
巷 0535重
茈 0037
草 0059
茭 0048
故 0264
胡 0341
南 0491
柰 0451
枯 0465
相 0283
柱 0468
要 0226重
咸 0094

威 0958
郝 0527
殄 0329
皆 0289
省 0286
昧 0539
郢 0529
則 0348
明 0559
冒 0633
星 0552重
昭 0540
畏 0758
盼 1043
界 1043
思 0831
品 0161

十畫

借 0668
俠 0686
脩 0342
射 0428重
息 0833
烏 0309
師 0488
徒 0116
殺 0257
豺 0777
豹 0776
倉 0420
飢 0413
翁 0295
脂 0343
卿 0754
逢 0124

桀 0448
留 1046
訖 0199
記 0198
高 0430
郭 0532
衺 0701
席 0644
庚 0631
病 0628
疾 0627
效 0263
唐 0097
恣 0852
部 0525
竝 0830
旃 0550

欸 0733
畜 1047
茲 0320
恙 0855
益 0398
兼 0585
朔 0555
浦 0880
酒 1147
涉 0887重
海 0874
流 0886重
害 0619
家 0598
容 0609
案 0471
冤 0794

書 0250
展 0715
陵 1093
陳 1100
孫 0988
陰 1094
陶 1101
娼 0966
通 0125
能 0803
務 1054
純 0991

十一畫

責 0512
理 0021
琅 0025
域 0973重

焉 0311
捶 0946
赦 0270
推 0930
堆 1039
教 0276
聊 0922
著 0062
勒 0230
菅 0060
萌 0041
萃 0044
乾 1116
泰 0493
麥 0438
斬 1090
專 0261

曹 0382
堅 0253
帶 0642
頃 0687
處 1075重
堂 1030
常 0643
敗 0272
閉 0917
閇 0917
問 0090
曼 0238
晦 0543
略 1044
累 1008
國 0497
唯 0091

崇 0764
翢 0559
過 0119
移 0572
符 0367
第 0370
偃 0678
倏 0669
進 0120
偏 0676
得 0150
從 0688
欲 0732
貧 0517
魚 0902
斛 1082
許 0181

減 0884
麻 0597
疵 0629
康 0575重
庸 0280
鹿 0793
章 0213
竟 0214
望 0694
率 1016
敝 0649
清 0876
淩 0871
海 0874
海 0874
涼 0883
深 0869

梁 0478
情 0834
寇 0273
寅 1137
宿 0615
密 0763
視 0729
晝 0252
逮 0131
殷 0328重
敢 0328重
張 0983
隋 0340
將 0260
陽 1095
隊 1104
婢 0959

參 0553重
鄉 0534
紺 1004
紱 1015
細 0996
終 0999

十二畫

絜 1014
堯 1040
越 0104
揖 0928
博 0171
彭 0391
報 0825
掾 0937
聑 0933
期 0557

黃 1048
畱 1046
募 1061
萬 1112
葛 0039
董 0063
敬 0757
葭 0055
葦 0054
椎 0472
極 0467
惠 0317
粟 0566
雲 0900
雅 0298
晉 0380
悲 0854

堂 1030
棠 0454
掌 0926
閒 0915
貴 0519
單 0102
買 0514
𢅏 0645
黑 0816
剩 0357
秿 0583
程 0582
黍 0586
棃 0450
等 0366
策 0369
筆 0249

備 0660
貸 0506
順 0740
集 0304重
焦 0809重
御 0152
復 0144
循 0147
須 0748
舒 0322
翕 0296
禽 1111
爲 0234
舜 0443
飯 0410
飲 0735
脾 0333
勝 1057
然 0805
訶 0203
詔 0192
馮 0787
滅 0885
就 0433
敦 0271
棄 0313重
鄐 0526
善 0210重
普 0547
尊 1148重
道 0140
曾 0069
勞 1058
減 0884
温 0864
淵 0877
滄 0411重
盜 0736
游 0551
惶 0857
惲 0842
寒 0618
富 0607
運 0127
畫 0251
疏 1135
絮 1011
賀 0504
發 0985
絝 1006
絳 1002
絶 0994
幾 0316

十三畫

損 0951
馳 0789
摵 0940
遠 0139
聖 0923
巷 0535重
蒼 0043
蓬 0058
蒹 0038
蒲 0036
蒙 0056
楪 0484
禁 0014
楨 0466
楊 0456
椵 0485
槐 0457
榆 0459
嗇 0436
裘 0707
剽 0352
賈 0513
頓 0741
督 0284
歲 0111
眥 0202
虜 0564
業 0216
當 1045
賊 0971
愚 0849
路 0160
遣 0130
豊 0394
農 0227
嗣 0162
署 0636
罣 0824
置 0638
罪 0635
遝 0122
蜀 1018
稚 0584
節 0364
與 0224
傳 0675
牒 0567
傷 0679

頎 0745
衙 0361
鉤 0166
鈓 1073
會 0419
愛 0441
亂 1117
腹 0338
腦 0344
鳩 0306
解 0362
詩 0183
誠 0191
誅 0207
詣 0200
詑 0208
詡 0196
裏 0702
稟 0435
新 1080
鄣 0530
意 0835
義 0976
豢 0775
煎 0808
煙 0811
煩 0743
煌 0812
滅 0885
塗 1038新
慎 0837
塞 1036
福 0008
羣 0301
殿 0256
辟 0755
裝 0705
經 0992
綌 1013

十四畫

耤 0359
趙 0106
嘉 0392
壽 0711
蓁 1005重
聚 0693
鞅 0231
慕 0847
薌 0061新
楨 0463
榷 0477
壹 0318
輒 1085
輔 1091
監 0697
朢 0694
厭 0768
需 0899
對 0217
聞 0925
閒 0913
踈 1135
罰 0354
犗 0078
種 0569
稱 0581
僦 0683新
銅 1065
貍 0778
餅 0409
領 0739
鳳 0305
獄 0802
語 0177
誤 0201
誦 0185
膏 0335
瘦 0631
適 0118
鄯 0523
精 0588
粺 0589
幣 0641
榮 0458
犖 0079
漢 0865
漆 0866
寬 0616
賓 0511
察 0605
寧 0384
實 0608
盡 0399
隨 0117
隧 1104
翟 0294
鄧 0528
綠 1001

十五畫

頡 0742
賣 0490
撫 0942

十六畫

十七畫

檄 0476
檢 0475
擊 0947
臨 0698
霜 0898
購 0518
嬰 0963
闌 0916
醢 0266
雖 1017
黚 0817
鍖 1074
斂 0269
爵 0407
襄 0703
糜 0590
應 0836

雁 0767
鴻 0308
濕 0872
臂 0337
彌 0986
孺 1131
績 1012
縱 0995

十八畫

騎 0784
騅 0782
藥 0046
檮 0481
櫂 0483新
轉 1087
闐 0919
蟬 1019

邊 0141
邊 0141
歸 0109
鎮 1070
觴 0363
謹 0189
謶 0209
雜 0704
齋 0010
糧 0593
繢 0993
繕 1007
繒 1000

十九畫

騩 0781
壞 1037
難 0307重

難 0307重
勸 1056
警 0195
薑 0031
麴 0591
醯 0397
關 0918
嚴 0101
積 0571
簿 0371
鏡 1067
調 0206重
識 0188
譔 0186
證 0204
羸 0300
饔 0426

羹 0233重
繩 1009

二十畫

蘭 0032
黨 0818
巍 0760
籍 0365
覺 0730
農 0227
額 0738
護 0197
議 0187
競 0211
灌 0868
寶 0610
騫 0791
竇 0624

寵 0612

二十一畫

攝 0933
驅 0788
欃 0486
霸 0556
露 0897
纍 1008
魏 0760
鐵 1066
辯 1126
齎 0505
屬 0720

二十二畫

聽 0924
驚 0790
鞠 0591

《説文》序檢字表

一　本檢字表，供檢索《敦煌漢簡字形譜》正文單字的所有字頭和字頭下的俗寫異體用，由此可檢閲到相關字頭下的全部内容。

二　表中被檢字見於《説文》者，按大徐本《説文》字序排列，分别部居；未見於《説文》者，按偏旁部首附於相應各部後。

三　每一字頭之後是該字在字形譜中的字頭序號——四位阿拉伯數字，或四位阿拉伯數字加「重」，或四位阿拉伯數字加「新」。例如：「甲　1114」表示「甲」的字頭序號爲「1114」。

一部
一 0001
元 0002
天 0003
吏 0004
丄部
上 0005重
下 0006重
示部
示 0007
福 0008
神 0009
齋 0010
祖 0011
祠 0012
社 0013
禁 0014

三部
三 0015
王部
王 0016
皇 0017
玉部
玉 0018
玦 0019
珥 0020
理 0021
珍 0022
珠 0023
玫 0024
琅 0025
玕 0026
士部
士 0027

壯 0028
丨部
中 0029
艸部
莊 0030
薑 0031
薑 0031
蘭 0032
薛 0033
苦 0034
茅 0035
蒲 0036
茈 0037
蒹 0038
葛 0039
苽 0040
萌 0041

茂 0042
蒼 0043
萃 0044
苑 0045
藥 0046
若 0047
茭 0048
莝 0049
苣 0050
薪 0051
折 0052重
莎 0053
葦 0054
葭 0055
蒙 0056
范 0057
蓬 0058

草 0059
萅 0060
春 0060
薌 0061新
著 0062
董 0063
茻部
莫 0064
小部
小 0065
少 0066
八部
八 0067
分 0068
曾 0069
尚 0070
介 0071

公 0072
必 0073
余 0074
半部
半 0075
牛部
牛 0076
牡 0077
犗 0078
犖 0079
犖 0079
牢 0080
物 0081
告部
告 0082
口部
口 0083

呑 0084
呼 0085
名 0086
君 0087
命 0088
召 0089
問 0090
唯 0091
和 0092
哉 0093
咸 0094
吉 0095
周 0096
唐 0097
各 0098
哀 0099
叩 0100

吅部

嚴 0101
單 0102

走部

走 0103
越 0104
起 0105
趙 0106

止部

止 0107
歬 0108
前 0108
歸 0109

步部

步 0110
歲 0111

此部

此 0112

正部

正 0113
辵 0114

辵部

迹 0115
𨑨 0116
徒 0116
隨 0117
適 0118
過 0119
進 0120
造 0121
還 0122
逆 0123
逢 0124
通 0125
遷 0126
運 0127
還 0128
送 0129
遣 0130
逮 0131
遲 0132
連 0133
逋 0134
追 0135
逐 0136
近 0137
迫 0138
遠 0139
道 0140
邉 0141
邊 0141
迢 0142新

彳部

德 0143
復 0144
往 0145
徽 0146
循 0147
待 0148
後 0149
得 0150
律 0151
御 0152

廴部

廷 0153
建 0154

㢟部

延 0155

行部

行 0156

齒部

齒 0157

足部

足 0158
踵 0159
路 0160

品部

品 0161

冊部

嗣 0162
扁 0163

㗊部

器 0164
嚚 0164

干部

ナ部
卑 0245
史部
史 0246
事 0247
支部
支 0248
聿部
筆 0249
書 0250
畫部
畫 0251
晝 0252
臤部
堅 0253
臣部
臣 0254

殳部
毆 0255
殿 0256
毄 0256
殺部
殺 0257
寸部
寸 0258
寺 0259
將 0260
專 0261
皮部
皮 0262
攴部
效 0263
故 0264
政 0265

數 0266
數 0266
變 0267
更 0268
斂 0269
赦 0270
敦 0271
敗 0272
寇 0273
收 0274
牧 0275
教部
教 0276
卜部
卜 0277
用部
用 0278

甫 0279
庸 0280
目部
目 0281
瞽 0282
相 0283
督 0284
眉部
眉 0285
省 0286
盾部
盾 0287
自部
自 0288
白部
皆 0289
魯 0290

者 0291
百 0292
羽部
羽 0293
翟 0294
翁 0295
翕 0296
翬 0297
隹部
雅 0298
羊部
羊 0299
羸 0300
羣 0301
美 0302
羌 0303
雥部

集 0304重
鳥部
鳳 0305
鳩 0306
難 0307重
難 0307重
鴻 0308
烏部
烏 0309
於 0310重
焉 0311
𠦒部
畢 0312
棄 0313重
冓部
再 0314
幺部

幼 0315
𢆶部
幾 0316
叀部
惠 0317
疐 0318
玄部
玄 0319
玆 0320
予部
予 0321
舒 0322
放部
放 0323
敫 0324
𠬪部
爰 0325

受 0326
爭 0327
争 0327
殼 0328重
敢 0328重
歺部
殄 0329
死部
死 0330
骨部
骨 0331
肉部
肉 0332
脾 0333
肝 0334
膏 0335
肩 0336重

臂 0337
腹 0338
股 0339
隋 0340
胡 0341
脩 0342
脂 0343
腦 0344
刀部
刀 0345
利 0346
初 0347
則 0348
刻 0349
辨 0350
列 0351
剽 0352

制 0353
罰 0354
券 0355
刺 0356
刾 0356
剩 0357
刃部
刃 0358
耒部
耤 0359
角部
角 0360
衡 0361
衞 0361
解 0362
觴 0363
竹部

節 0364
籍 0365
等 0366
符 0367
籫 0368
策 0369
第 0370
簿 0371
箕部
其 0372重
左部
左 0373
工部
工 0374
式 0375
巨 0376
甘部

甘 0377
甚 0378
曰部
曰 0379
朁 0380
沓 0381
曹 0382
𣌭 0382
乃部
乃 0383
丂部
寧 0384
可部
可 0385
奇 0386
奇 0386
兮部

分 0387
乎 0388
亏部
平 0389
喜部
憙 0390
壴部
彭 0381
嘉 0392
豈部
豈 0393
豐部
豊 0394
虎部
虎 0395
皿部
盧 0396

醯 0397
益 0398
盡 0399
去部
去 0400
血部
血 0401
丶部
主 0402
青部
青 0403
井部
井 0404
荆 0405
皀部
即 0406
鬯部

爵 0407
食部
食 0408
餅 0409
飯 0410
湌 0411重
餘 0412
飢 0413
餓 0414
亼部
合 0415
侖 0416
今 0417
舍 0418
會部
會 0419
倉部

倉 0420
入部
入 0421
内 0422
糴 0423
全 0424重
缶部
缺 0425
罋 0426
矢部
矢 0427
射 0428重
知 0429
高部
高 0430
亭 0431
冂部

市 0432
京部
就 0433
畗部
良 0434
㐭部
稟 0435
嗇部
嗇 0436
來部
來 0437
麥部
麥 0438
夊部
致 0439
憂 0440
愛 0441

夏 0442
舜部
舜 0443
韋部
韋 0444
韓 0445
弟部
弟 0446
久部
久 0447
桀部
桀 0448
乘 0449
木部
棃 0450
柰 0451
李 0452

时 0537
早 0538
昧 0539
昭 0540
晏 0541
昏 0542
昬 0542
晦 0543
昌 0544
暴 0545
昆 0546
普 0547
昂 0548新

旦部

旦 0549

㫃部

旃 0550
游 0551

晶部

星 0552重
曑 0553重

月部

月 0554
朔 0555
霸 0556
期 0557

有部

有 0558

朙部

朙 0559
明 0559

夕部

夕 0560
夜 0561
外 0562

多部

多 0563

毌部

虜 0564

马部

函 0565

卤部

㮚 0566
粟 0566

片部

牒 0567

禾部

禾 0568
種 0569
私 0570
穬 0571
移 0572
積 0573
秩 0574
康 0575重
稾 0576
年 0577
穀 0578
秋 0579
秦 0580
奈 0580
稱 0581
程 0582
秿 0583
稚 0584

秝部

兼 0585

黍部

黍 0586

米部

米 0587
精 0588
粺 0589
糜 0590
粷 0591
麴 0591
糒 0592
糧 0593
竊 0594

凶部

凶 0595

朩部

枲 0596

麻部

麻 0597

宀部

家 0598
宅 0599
室 0600
宛 0601
宏 0602
定 0603
安 0604
察 0605
完 0606
富 0607
實 0608
容 0609
寶 0610
守 0611
寵 0612
宜 0613

寫 0614
宿 0615
寬 0616
客 0617
寒 0618
害 0619
宋 0620
宗 0621
宮部
營 0622
呂部
呂 0623
穴部
竇 0624
空 0625
究 0626
疒部

疾 0627
病 0628
疵 0629
疕 0630
瘦 0631
庚 0631
冂部
同 0632
冃部
冒 0633
㒳部
兩 0634
网部
罪 0635
署 0636
罷 0637
置 0638

羈 0639重
巾部
巾 0640
幣 0641
帶 0642
常 0643
席 0644
㡒 0645
布 0646
希 0647
希 0647
白部
白 0648
㡀部
敝 0649
人部
人 0650

仁 0651
伋 0652
伯 0653
仲 0654
倩 0655
侯 0656
仿 0657
佗 0658
何 0659
備 0660
位 0661
依 0662
侍 0663
付 0664
伍 0665
什 0666
作 0667

借 0668
倏 0669
代 0670
儀 0671
便 0672
任 0673
使 0674
傳 0675
偏 0676
佻 0677
偃 0678
傷 0679
伏 0680
伐 0681
但 0682
儆 0683新
佐 0684

免 0685
倈 0686
匕部
頃 0687
从部
從 0688
比部
比 0689
北部
北 0690
冀 0691
丘部
丘 0692
㐺部
聚 0693
𡈼部
朢 0694

重部
重 0695
臥部
臥 0696
監 0697
臨 0698
身部
身 0699
衣部
衣 0700
衺 0701
表 0701
裏 0702
襄 0703
雜 0704
裝 0705
卒 0706

裘部
裘 0707
求 0708重
老部
老 0709
耆 0710
壽 0711
考 0712
孝 0713
尸部
居 0714
展 0715
尻 0716
屋 0717
尺部
尺 0718
尾部
尾 0719
屬 0720
履部
履 0721
舟部
服 0722
方部
方 0723
儿部
兒 0724
充 0725
兄部
兄 0726
先部
先 0727
見部
見 0728
視 0729
覺 0730
親 0731
欠部
欲 0732
欬 0733
次 0734
㱃部
㱃 0735
飲 0735
㳄部
盜 0736
頁部
頭 0737
顚 0738
頟 0738
領 0739
順 0740
頓 0741
頡 0742
煩 0743
顯 0744
頎 0745
首部
首 0746
𥄉部
縣 0747
須部
須 0748
文部
文 0749
司部
司 0750
卪部
令 0751
印部
印 0752
色部
色 0753
卯部
卿 0754
辟部
辟 0755
勹部
匈 0756
茍部
敬 0757
由部
畏 0758
厶部
厶 0759

嵬部
巍 0760
魏 0760
山部
山 0761
岑 0762
密 0763
崇 0764
广部
府 0765
庳 0766
庠 0766
廱 0767
厂部
厭 0768
厭 0768
丸部
丸 0769
石部
石 0770
破 0771
長部
長 0772
长 0772
勿部
勿 0773
而部
而 0774
豕部
豢 0775
豸部
豹 0776
豺 0777
貍 0778
象部
豫 0779
馬部
馬 0780
騩 0781
騅 0782
驗 0783
騎 0784
駕 0785
篤 0786
馮 0787
驅 0788
馳 0789
驚 0790
騫 0791
驢 0792
鹿部
鹿 0793
兔部
冤 0794
犬部
狗 0795
狀 0796
犯 0797
獨 0798
獲 0799
狂 0800
狐 0801
㹜部
獄 0802
能部
能 0803
火部
火 0804
然 0805
燔 0806
炊 0807
煎 0808
焦 0809重
灾 0810重
煙 0811
煌 0812
光 0813
烝 0814
炬 0815
黑部
黑 0816
黚 0817
黨 0818
赤部
赤 0819
大部
大 0820
夷 0821
亦部
亦 0822
夭部
奔 0823
幸部
睪 0824
報 0825
亢部
亢 0826
夲部
奏 0827
夫部
夫 0828
立部

分譜之十三

額濟納漢簡字形譜

説明

一　本字形譜所收之字源自廣西師范大學出版社二〇〇五年出版的《額濟納漢簡》一書的圖版。該書含簡五百餘枚。

二　字頭共有單字六百七十六個，合文二個。

三　辭例所標出處悉依《額濟納漢簡》，所標簡號數字及字母，其含義依次爲：「99」表示1999年出土、「2000」表示2000年出土、「2002」表示2002年出土。E表示額濟納旗。S表示烽燧，此之後「7S」表示第七隧、「9S」表示第九隧、「14S」表示第十四隧、「18S」表示第十八隧、「CS」表示額濟納旗察干川吉烽燧。T表示烽燧内臺階。F表示房舍遺址。H表示灰堆。D表示過道。T、F、H、D後之數字表示具體遺迹單位之序號。『:』後表示簡牘的序號。簡牘序號後的「A」「B」「C」「D」「E」等表示多面簡（含觚）的不同面。例如「99ES16ST1:15A」「99ES16ST1:15B」分別表示99ES16ST1:15號簡的正面、背面；「2000ES9SF3:4A」「2000ES9SF3:4B」「2000ES9SF3:4C」「2000ES9SF3:4D」「2000ES9SF3:4E」分別表示2000ES9SF3:4號觚的第1、2、3、4、5面。

單字

第一　一部——茻部

一部

0001

一

一　86

99ES16SF3:2
酒錢廿五米肉棗~

99ES17SH1:4A
幡~完

2000ES7SF2:3
白布綺~

2000ES7S:15A
弦~完

2000ES9SF3:5
元年十~月

2000ES9SF3:11
小鐳~完

2000ES9SF4:20A
移~時

2000ES41SF2:5
羊偉~枚

99ES16ST1:20
具弩~稾矢五十

99ES16ST1:4
二亭扁~

99ES16SF1:1B
第十六隧蘭~完

99ES16SF1:1B
第十六隧蘭~完

99ES16SD1:1
~完神爵三年

99ES16SF2:3
安樂里郭遂成口~

0002 元

9

99ES16SF3:1A
陽朔～年

2000ES9SF3:8
～延元年

2000ES9SF3:8
元延～年

2000ES9SF3:5
～年十一月丁酉

2000ES7SF2:2A
～延元年

2000ES7SF2:2A
元延～年

0003 天

6

2002ESCSF1:6
田章～下

99ES16ST1:14A
普～【之下】莫匪新土

99ES17SH1:12
葆塞～田延袤

0004 吏

37

99ES17SH1:1
～卒

2000ES9SF3:1
～卒

2000ES7S:13
將軍騎～

2000ES9SF3:3
～拔劍助卒

2000ES7SF1:6A
～卒

99ES16ST1:12
士～曹詡

丄部

0005 丄

1

99ES16ST1:9
王子贛～

0006 重 上

25

2000ES7S:22
～塢

2000ES7S:12A
塞～

2000ES9SF4:24
～下繆力

0007 旁	0008 重 下			0009 禄	0010 福	0011 祝
旁	下			禄	福	祝
1	30			2	1	1
 2002ESCSF1:2 道～	 2002ESCSF1:18A ～一苣火	 2000ES9SF4:4 十一月甲戌～	示部	 2000ES7SF1:3 三月～	 2000ES7S:11 得～	 2002ESCSF1:2 ～曰
	 2002ESCSF1:6 天～	 2000ES9SF4:23A 千石以～				
	 2000ES9SF3:3 重關～	 2000ES9S:20A ～功				

三部

0012 三

79

2000ES7SF1:17
出錢千～百六十

99ES17SH1:2
檄廿～尺

2000ES7SF1:65
三石三斗～升少

2000ES7SF1:85A
永始～年

2000ES7SF2:3
綺一兩直～

2000ES9SF4:17A
居攝～年

99ES16SF3:1A
陽朔元年～月

2000ES9S:8
～日

99ES16ST1:18A
陽朔四年～月壬申

99ES16SF3:1
陽朔元年～月乙亥

99ES16ST1:13
第十～隧長王良

99ES16ST1:5
～十井關外

99ES16SD1:1
神爵～年

99ES16SF2:1
直～百六十

99ES16SF2:5A
居攝二年～月乙未

王部

0013 王

20

99ES16SF3:1B
隧卒～如意

99ES17SH1:2
省卒～書

99ES17SH1:11A
隧長～立

2000ES7SF1:40
卒～當

2000ES7SF1:3
隧長～宣

2000ES7SF1:26B
隧卒～輔

2000ES7SF2:1A
～子春

0014
閏
閏
2

99ES17SH1:38
～月己卯

0015
皇
皇
3

2000ES9S:2
始建國地～上

2000ES7SF1:22
～帝未躬耕

士部

0016
士
士
11

99ES16ST1:1
專部～吏

99ES16ST1:2
告～吏

99ES16ST1:12
～吏曹詡

0017
壯
壯
1

2002ESCSF1:2
獄史～者

丨部

0018 中

17

99ES17SH1:16 先請相～二千石

2000ES14SF1:6 ～以合其

2002ESCSF1:1 譚枉舍～盡

艸部

0019 莊

2

2000ES9SF3:15A 隊長～宣

0020 蘭

7

2000ES9SF3:16A ～（籣）冠一完

99ES16SF1:1A 十六隊～（籣）一完

0021 苦

2

99ES16ST1:15A ～近善

0022 蕭

1

99ES16ST1:9 蕭 候史～並

0023 藥

2

2000ES9SF4:14 飲～

0024
蓋

3

盖　2000ES7SF2:1B　～臧田不穀

99ES17SH1:11B　隧長～

0025
若

5

2000ES7SF1:91　奉世～廬

99ES17SH1:21　辱之武～

0026
茭

2

2000ES7SF1:3　～百七十束

0027
苣

8

2000ES7SF1:12　舉～火四

2002ESCSF1:18A　一～火

99ES16SF3:3　～火

0028
薪

5

2000ES7S:1　積～

2000ES9SF4:6　咸得自～息

0029 重
折

2

99ES16ST1:23A　皆～

0030
范

2

2000ES7SF1:21　車父～獲

0031
蓬

2

2000ES7SH1:1　候長～（烽）隧長

0032
葆

3

99ES17SH1:12
~塞天田

2000ES9SF4:10
其一人~塞

0033
萅

5

春　2000ES7SF2:1B
~言歸

2000ES7SF2:1A
~再反召

0034
鄯

1

2002ES18SH1:8
涇陽到~百里

茻部

0035
莫

4

2002ESCSF1:2
~敢義

99ES16ST1:14A
~匪新土

第二 小部——冊部

小部

0036 小

17

2000ES9SF3:11
~鏴一完

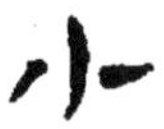
2000ES7SF1:28
子~女長女

2000ES7SF1:73A
遠辟~人

0037 少

20

2000ES7SF1:65
三石三斗三升~

2000ES7SF1:10
三石三斗三升~

2000ES9SF3:23B
~一錢

99ES17SH1:10
~八石

八部

0038 八

36

2000ES41SF2:5
布匹~尺

2002ESCSF1:18B
~月五日

2002ESCSF1:18A
~月庚戌

2000ES7SF1:89B
~月十七日

0039
介

3

2000ES7SF1:2A
巠焉～山

2000ES7SH1:7
～子推

99ES16SF2:2
隧長䵂～

0040
公

8

99ES18SH1:1
～召晏子

2002ESCSF1:6
桓～

2000ES7SF2:2B
君～

0041
必

5

2000ES9SF4:22
八月錢～

2000ES7S:16B
～行

半部

0042
半

1

99ES18SH1:1
與者～

牛部

0043
牛

4

2000ES9SF3:15A
～屎索

2000ES9SF3:4B
～十餘頭

0044
物

3

2002ESCSF1:4
越此～

2000ES7SF1:79
見水及黑～

0045 犆

1

99ES16SF2:2 隧長～介

告部

0046 告

8

99ES16ST1:2 ～士吏候長

99ES16ST1:7 ～

99ES16ST1:3 ～候尉

口部

0047 口

1

99ES16SF2:3 成～一

0048 呑

3

2000ES9SF4:21 ～遠隧

2000ES7SF1:6A 宿～遠

0049 名

6

99ES16ST1:9 第十部隧～

99ES16SD1:3 ～如牒

2000ES9SF3:2 候朢～籍一編

0050 君

15

2002ESCSF1:6 ～耳桓公

2000ES7SF2:1B ～大怒

2000ES7SF2:2B ～公

0051

召

6

99ES16ST1:11A
張掾～第十候史

99ES18SH1:1
京公～晏子

2000ES7SF2:1A
反～不肯

0052

問

3

99ES16ST1:17
～辭

0053

和

3

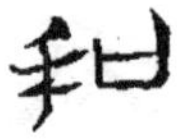

2000ES11SH1:1
宜新里奈～

2000ES7SF1:17
綏～二年

0054

吉

8

2002ESCSF1:4
越此物行～

2000ES7S:11
十五～

2002ESCSF1:5A
東毋行南大～

2000ES7SF1:15
齎長者～

2000ES7SF1:15
治齎舍音～

0055

周

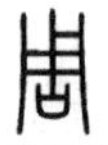

3

2000ES7SF1:6A
史～卿

2000ES7SF1:1A
隧卒～詡

0056

哀

1

2000ES7SF1:1B
明官～

0057

唬

1

2002ESCSF1:2
～（呼）罣

0058 叩

18

2000ES7SF1:1B
發書~頭死罪

2000ES7SF1:1B
罪當死~頭死罪

2000ES7S:3A
~頭言

叩部

0059 單

單

7

2000ES9SF4:11
朝郎南爲~手

2000ES7SF1:2A
~可以爲彘

走部

0060 走

4

2000ES7SH1:29
所指~

99ES16SF3:1
行者~

0061 趣

2

99ES16ST1:1
~輒

99ES16SF3:1C
良~急縣索

0062 越

1

2002ESCSF1:4
~此物

0063 起

7

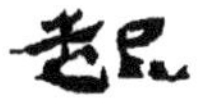
2000ES9SF3:1
匈奴人~居

2000ES7S:16A
日蚤食~

0064

趙

趙（篆文）

2

2000ES7SF1:13

累山里～宣

止部

0065

止

止（篆文）

6

99ES18SH1:2

～男女之會

2000ES9S:23

～毋舉火表

2000ES7SF1:13

～北隧長

0066

歬

歬（篆文）

13

前　2000ES7S:12A

次仲坐～

2000ES7SF1:27B

孫卿坐～

2000ES9SF3:4C

～輩到金關

2000ES7S:3A

子嚴坐～

0067

歸

歸（篆文）

2

2000ES7SF2:1B

春言～

癶部

0068

登

登（篆文）

2

2000ES9SF3:21

扶恩義里劉～

步部

0069 步

5

2002ESCSF1:2
出邑禹～三

2000ES9SF4:47
天田四里百五十～

此部

0070 此

2

2002ESCSF1:4
越～物行吉

正部

0071 正

13

2000ES7SF1:17
綏和二年～月

2000ES9SF4:18B
～月廿日

99ES16SF1:4
建昭五年～戊午

是部

0072 是

1

2000ES7SF2:1A
～何毋意它作

辵部

0073 迹 16

99ES16SF2:4B 日~檮

0074 辻 2

徒 2000ES7SF1:2A 推~梗鬼食

0075 隨 3

2000ES9SF3:15A 一蓋~

99ES18SH1:2 ~（惰）民惡之

0076 過 2

99ES17SH1:20 ~隧長

0077 造 1

2000ES9S:2 上~華商

0078 逆 2

2000ES7SF1:25A 它~當死

0079 通 5

99ES18SH1:1 渠~

2000ES7SF1:127 武使卒莊~粱粟

0080	0081	0082	0083	0084	0085	0086
遺	連	追	逐	近	遠	道
14	1	1	6	1	6	8

0080 遺 14

2000ES7S:33 報～使來

2000ES14SF1:3 令史亟～

2000ES7SF1:119B 今故～

0081 連 1

2000ES7SF1:43 之～

0082 追 1

99ES16SF5:1 ～逐什器

0083 逐 6

99ES16SF5:1 追～什器

2000ES9S:15 毋令得～亡

0084 近 1

99ES16ST1:15A 苦～善毋恙

0085 遠 6

2000ES9SF4:21 吞～隧倉

2000ES7SF1:73A ～辟小人

2000ES7SF2:2B 安～平

0086 道 8

2002ESCSF1:2 除～

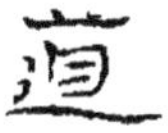
2000ES9SF3:4A 行～

2000ES7S:13 臨～

2002ESCSF1:2 壯者皆～〻旁

彳部

0087 復

5

2000ES9SF3:7
豊棺乃～食

2002ESCSF1:7
～有乘記閱到

0088 徐

1

99ES17SH1:10
隧長～彊

0089 後

2

2000ES7SF1:123
作書以教～嗣

0090 得

27

2002ESCSF1:5A
卯東南有～

2002ESCSF1:5A
東大吉南有～

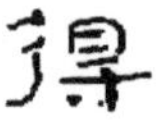

2000ES9SF3:4B
～焦鳳牛

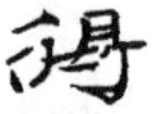

2002ESCSF1:5A
西凶北有～

2000ES7S:11
～福事

廴部

0091 律

6

99ES16ST1:25
如～令

2000ES9SF4:20A
如詔條～令

2000ES9SF4:18A
從事如～令

0092
建
19

2000ES7SF1:96 ~尹

2000ES9SF3:4A ~武四年

2000ES14SF1:1A ~平三年

2000ES9S:2 始~國地皇上

㢟部

0093
延
28

2000ES9SF3:8 元~元年

2000ES9SF3:9A 居~甲渠第九隊

2000ES7SF1:48 居~都尉

2000ES9SF4:21 居~

2000ES7SF2:2A 元~元年

2000ES7SF1:13 居~累山里

2000ES7SF1:13 居~甲渠止北隧

行部

0094
行
35

2002ESCSF1:2 欲急~

2002ESCSF1:4 ~者越此物

2002ESCSF1:2 持水[北]~

2000ES9SF3:5
詔書曰其～

2002ESCSF1:2
今日利以～=

2000ES9SF4:20A
～法如詔條律令

99ES17SH1:2
出入兩～

品部

0095
品

品
3

2000ES9SF3:1
火～約

99ES16SF1:5
作二～

冊部

0096
扁

扁
7

99ES16ST1:4
亭～一

99ES16ST1:4
～書胡虜講賞

2000ES7S:4A
明白大～書

第三 干部——用部

0097

干

干

5

干部

99ES17SH1:25
～庁呼

2000ES9SF3:15B
寅矢廿七～哶呼

0098

商

商

1

㕯部

2000ES9S:2
累山里上造華～

0099

十

十

192

十部

99ES16SF2:7A
第～二奉五百

99ES16SF3:1A
第～候長博

2000ES7SF1:106
～二日

2000ES41SF2:4
第～四隧

2000ES7S:14A
～丈索一完

99ES17SH1:4A
第～六隧

	0100	0101	0102	0103		0104
	丈	千	博	廿		卅

	6	13	1	26		4
 2000ES7SF1:89B 八月～七日	 2000ES9SF3:8 承索七～	 2000ES7SF1:17 錢～三百六十	 99ES16SF3:1A 第十候長～	 99ES16SF3:2 酒錢～五	 2000ES9SF4:18B 正月～日	 2000ES7SF1:31 ～騎
 2000ES9SF3:4B 焦鳳牛～餘頭	 2000ES7S:14A 十～索一完	 99ES16SF2:3 直～五		 99ES17SH1:10 第～隧長徐彊	 99ES17SH1:2 用檄～三尺	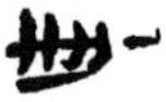 2000ES14SF2:8 二百～石
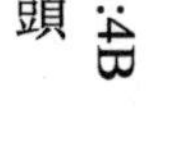 99ES16SF3:2 詣第～六	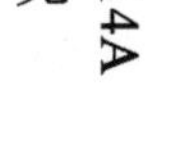 2002ES12SH1:2 長二～	 2000ES7SF1:96 ～聿		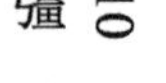 2000ES9SF4:21 居延鹽～石		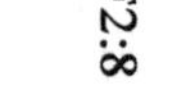 2000ES7SH1:1 功令第～五

卅部

0105

卅

13

卌 2000ES9SF3:14 白繩～二完

2000ES7SF1:11 第～一隧

99ES17SH1:11A 出～筆

0106

世

1

2000ES7SF1:91 奉～若盧

言部

0107

言

46

2000ES7SF1:27A 叩頭～

2000ES7SF1:15 ～治膏舍

2000ES9SF4:13 謹録移敢～之

2000ES9SF4:13 候長敢～之

2000ES7S:3A 豐叩頭～

2000ES7SF2:1B 春～歸

2000ES7SF2:4A 季恭叩頭～

2000ES7SF2:2A 敢～之

2002ESCSF1:7 出～被記報

2000ES7SF2:2B 永伏地～

0108

謂

5

99ES16SF1:4 甲渠候詣～

99ES16SF3:1A 博～第十六隧長良

編號	字頭	數量	出處及辭例
0109	請	9	99ES16ST1:15A 拜～；2000ES9SF4:14 ～醫診治；2000ES7SH1:30 伏地再拜～
0110	謁	2	2000ES7S:4A ～舍
0111	諸	2	2000ES7SF1:73A 告～
0112	謀	1	2000ES9SF3:21 ～反
0113	謹	16	2000ES9SF3:1 ～候望；99ES16ST1:17 ～驗問辭；2000ES9SF4:13 ～録移
0114	詔	15	2000ES9SF4:8 今～將軍；2000ES7S:4A 如～書；2000ES9SF3:5 ～書
0115	計	4	2000ES7S:3B 令史再～；2000ES9SF4:23A 與～偕吏千石
0116	調	2	99ES16SF3:1A ～卒隊一人

0117	警		1	 99ES16ST1:7 有塵若～塊外
0118	誼		1	 2000ES9SF3:4C 掾～
0119	詡		3	 2000ES7SF1:1A 卒周～  99ES16ST1:12 士吏曹～
0120	設		1	 99ES16SF5:1 常～備
0121	記		10	 2000ES7SF1:60A 白～  99ES16ST1:11A 程竝～到  2002ESCSF1:7 復有乘～閱到
0122	詣		15	 99ES16SF3:2 傳～第十六  99ES16SF1:4 甲渠候～謂第  99ES16SF1:4 甲渠候～謂
0123	講		1	 99ES16ST1:4 胡虜～〈購〉賞
0124	訟		1	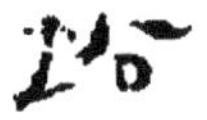 2000ES7S:11 ～畜生飲食事

0125 讓

1

2000ES9SF4:23A
敬～疾虛僞

0126 證

4

99ES16ST1:26
不可得～

2000ES7SF1:44
～爰書

0127 譚

9

99ES16SF3:1C
付～日時

2000ES7SH1:26
尉史～

2002ESCSF1:1
～枉舍中

誩部

0128 重 善

7

99ES17SH1:1
～書之

99ES16ST1:15A
苦近～毋恙

2000ES7S:3A
～毋恙

音部

0129 章

3

2002ESCSF1:6
大搓田～

2002ESCSF1:6
田～天下

0130 竟

3

2000ES7SF2:7
遮～隊

2000ES9SF4:8
邊～（境）永寧

丵部

0131 業

業

2

2000ES9SF4:8 究其～

0132 對

對

1

99ES16ST1:11A 士吏猛～府還

𠬞部

0133 奉

奉

9

2000ES7SF1:91 ～世若盧

2000ES7SF1:13 入～（俸）泉

2000ES9SF3:5 ～聖里

99ES16SF2:7A 第十三～（俸）五百

99ES16SF2:7A 第十二～（俸）五百

2000ES7SH1:18B ～（俸）厚

0134 丞

丞

10

2000ES9SF4:4 武行～事

2000ES7S:4A 焉行～事

2000ES7S:3A 守～

0135 兵

兵

3

2000ES9SF3:3 持～刃

99ES17SH1:1 ～簿

0136
具

12

2000ES7SF1:6A
~吏卒

99ES16ST1:20
石~

99ES17SH1:5A
六石~

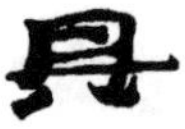
99ES17SH1:5B
六石~

廾部

0137
樊

1

99ES17SH1:6A
督蓬~

共部

0138
龔

1

龔 2000ES7S:13
亭長~昌

異部

0139
異

1

99ES17SH1:24
萬吏爲尤~知處

廾部

0140 與

11

2000ES7SF1:2A

不肯～人食

2002ES12SH1:2

粱～炊

99ES18SH1:1

～者半

2000ES9SF4:23A

言功勞者～計

0141 興

1

2000ES9SF4:23A

義～敬讓

革部

0142 靳

2

99ES17SH1:4A

～幡

0143 鞓

1

2000ES9SF3:23A

～重十三兩

鬲部

0144 融

1

2000ES7S:4A 太守～

爪部

0145 爲

25

99ES17SH1:24 吏～尤異知處

2000ES7SF1:2A 可以～彘梗

99ES16ST1:11A 以它～解

为 2000ES7SF1:114A 子春～春

2000ES7SF1:16 ～官買羊

又部

0146 又

4

2000ES7SF1:88A 卒兡～奏記

2000ES7SF1:32 ～交錢

0147 右

5

2000ES7SF1:61 ～央

2000ES9SF3:20 ～稾矢銅鍭

0148 父

2

2000ES7SF1:21 車～

99ES16ST1:14A ～母

0149 夬

1

2000ES7SF1:61 右～

0150 尹

8

2000ES9SF4:4 張掖大～良

2000ES9SF4:7 亦應其勞大～

2000ES7SF1:96 建～

0151 及

8

2000ES7SF1:79 壬癸膏見水～黑物

2000ES9S:4 ～田時

2000ES9SF4:23A 千石以下～比者

0152 反

4

2000ES7SF2:1A ～召不肯

2000ES9SF3:21 謀～

0153 取

10

99ES17SH1:3 卿～

99ES16ST1:16 ～獨當

99ES16ST1:12 ～粟六石

99ES16SF2:1 丙申自～

𠂇部

0154

卑

1

99ES17SH1:11A
出五十五~

史部

0155

史

48

2002ESCSF1:2
獄~

99ES17SH1:3
令~

99ES17SH1:15
候~敞平

99ES16ST1:9
第十候~

2000ES7S:3B
令~

0156

事

28

2000ES9SF4:17A
行候長~

2000ES7S:4A
行長史~

2000ES7SF1:53
視~

2000ES7SF1:52
從~

2000ES7SF1:1B
職~

2000ES7S:4A
行丞~

2000ES7S:11
得福~

2000ES7S:11
飲食~

支部

0157 支

1

2000ES9SF4:27 反～

聿部

0158 聿

1

2000ES7SF1:96 千～

0159 筆

1

99ES17SH1:11A 出丗～一箭

0160 書

34

2000ES7SF1:44 爰～

99ES17SH1:1 善～之

2000ES7SF1:1B 發～

2000ES9SF3:5 詔～

2000ES9SF4:20A ～到

2000ES7SF1:37 以～付

2000ES9SF4:18A 聽～牒署

99ES17SH1:2 省卒王～

臤部

0161 堅 (4)

- 2000ES9SF1:8 ~表
- 2000ES9SF1:8 ~堅堅

臣部

0162 臣 (5)

- 2000ES7SF1:91 ~奉世若盧
- 2000ES7SF1:91 ~廣
- 2000ES9SF3:5 ~昌

寸部

0163 將 (11)

- 2000ES7S:13 ~軍騎吏
- 2000ES9SF4:8 虎耳~軍
- 2000ES9SF4:8 今詔~軍

0164 專 (2)

- 99ES16ST1:1 ~部士吏

攴部

0165 故	0166 數	0167 敞	0168 更	0169 敕		0170 教	0171 重 學
9	6	4	2	1		3	1
 2000ES7SF1:2A 梗耳～	 [illegible] 2000ES7SF1:1B 職事～	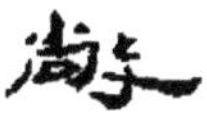 2000ES7S:3B 令百～之	 2000ES7SF1:91 ～長	 2002ESCSF1:1 ～作子前	教部	 2000ES7SF1:73A 小人～告	 2000ES9SF3:5 ～大夫
 99ES17SH1:10 少八石如～	 99ES16ST1:5 察～去署吏卒候長	 99ES17SH1:15 候史～平				 2000ES7SF2:9 令於先～	
 2000ES7SF1:22 ～未親亲	 2000ES7SF2:1B 書～札						

用部

0172

用

19

99ES17SH1:2

~檄

2000ES9SF4:20A

承~

2000ES7S:22

~長斧

2000ES9SF4:23A

~禮舉

第四 目部——角部

目部

0173 目

1

99ES17SH1:9A ~鎧鍉鍪

0174 相

11

2002ES12SH1:2 內屋~

99ES16ST1:16 未到~遣者

99ES16ST1:12 廩前~負

2000ES41SF2:2B 不~見

0175 督

4

99ES17SH1:6A 移~蓬樊

99ES17SH1:6A 名~蓬不虛言

眉部

0176 省

9

2000ES9SF4:15A ~卒治炭

2000ES7SF1:6B ~卒趙宣伐財用

2000ES7SF1:86A ~城倉

自部

0177

自

14

99ES16ST1:9

萧並～言

2000ES9SF4:23A

～言功勞者

2000ES7SF1:28

～當子小女長

2000ES7SF1:31

～當年

白部

0178

皆

22

2002ESCSF1:2

壯者～道旁

2000ES9SF3:5

～曰

2000ES9SF3:4C

～在金關

99ES16ST1:23A

～折欲

2000ES7SF1:26B

～持

99ES17SH1:23B

兒～病

2000ES7S:3A

～皆仁

2000ES7S:3A

皆～仁

99ES17SH1:8

～已畢

0179

者

34

2002ESCSF1:3A

毋北鄉＝～凶

2002ESCSF1:4

急行～

99ES18SH1:1

與～半京

2002ESCSF1:2
壯～皆道旁

2000ES7SF1:15
膏長～

2000ES9SF4:20A
毋狀～

2000ES7SH1:7
持火～

2000ES7S:3A
頃～起居

0180
百

54

99ES16SF1:3
銅鍭～完

2000ES9S:8
頭～五級

2000ES9SF3:9B
銅鍭～完

2000ES9SF3:9A
銅鍭～完

2000ES9SF3:5
～姓

2000ES7S:3B
令～敞之

2000ES7SF1:13
奉泉六～

99ES16SF2:7A
奉五～

2000ES7SF1:17
三～六十

2000ES7SF1:32
交錢～五十

99ES17SH1:2
三尺札～

99ES17SH1:2
出入兩行二～

羊部

0181
羊

3

2000ES41SF2:5
～偉一枚

2000ES7SF1:16
爲官買～

0182
羣

1

99ES17SH1:18
~馬

0183
羌

1

2000ES9SF3:4B
~女子

鳥部

0184
鳳

1

2000ES9SF3:4B
焦~牛

烏部

0185 重
於

2

2002ESCSF1:1
舍~次

0186
焉

5

2000ES7SF1:2A
巠~介山

2000ES7SF1:113
紅~

華部

0187

畢

1

99ES17SH1:8
皆已～成

冓部

0188

再

8

2000ES7S:3B
～計

2000ES7S:3B
～拜白丞

2000ES7SF2:1A
春～反召

幺部

0189

幼

2

2000ES7SF1:124
～子承詔

予部

0190

予

1

99ES17SH1:40
～候長

受部

0191 受

8

99ES16ST1:11A
對府還～

99ES17SH1:6A
候長將卒～錢

2000ES7SF1:70
～王君財記

0192 重 殸

19

2000ES9SF3:4A
～言之

2002ESCSF1:2
莫～義

99ES16SD1:3
～言之

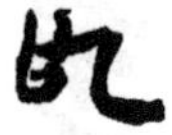

2000ES9SF4:13
～言之

2000ES7SF2:2A
～言之

2000ES9SF4:13
第三候長～言之

99ES17SH1:8
～言之

歺部

0193 殄

8

2000ES7SF1:12
～北

2000ES9S:17
～北塞

死部

0194 死 8

2000ES7SF1:1B 罪當～

2000ES7SF1:1B 叩頭～罪

2000ES7SF1:1B 叩頭～罪明官

2002ESCSF1:2 毋～

肉部

0195 肉 2

99ES16SF3:2 米～

0196 膏 9

2000ES7SF1:15 ～長者吉

2000ES7SF1:79 壬癸～見水

0197 重 肩 2

2000ES9SF3:4B ～水塞

0198 脱 1

99ES16SD1:5 毋令～

0199 胡 9

2000ES9S:8 ～虜

2000ES9S:8 ～虜盜

99ES16ST1:4 ～虜講賞

字號	字頭	小篆	字數	字形	出處	辭例
0200	脂		1		2000ES41SF2:4	~二斤
0201	膠		1		2000ES9SF3:23A	~二
0202	肎		3		2000ES7SF1:2A	不~與人食
					2000ES7SF2:1A	反召不~
0203	臈		2		2000ES7SF1:24A	~毋禮相

刀部

字號	字頭	小篆	字數	字形	出處	辭例
0204	削		1		2000ES41SF2:7	~減
0205	利		1		2002ESCSF1:2	~以行
0206	券		1		2000ES9SF1:4	知~約

刃部

0207 刃

1

2000ES9SF3:3
兵～

0208 劍

1

2000ES9SF3:3
拔～

耒部

0209 耕

1

2000ES7SF1:22
躬～

角部

0210 角

1

2000ES9SF4:22
隊卒史義～

0211 解

2

99ES16ST1:11A
毋得以它爲～

第五　竹部——桀部

竹部

0212 籍

1

2000ES9SF3:2 名～

0213 等

13

2000ES9SF3:4C 掾誼～

2000ES7SF1:26B 隧卒王輔～

99ES17SH1:15 候史敞平～

2000ES9SF3:5 昌～

2000ES9SF3:5 臣昌～

0214 第

124

2000ES9SF3:12 ～九隧

99ES17SH1:4A ～十六隧

2000ES9SF3:9B ～九隧

2000ES9SF3:14 ～九隧

2000ES9SF3:23A ～九隧

99ES16ST1:9 ～十候史

99ES16SF2:2 ～十一隧長

99ES16SF2:4C ～十候史

99ES16SF3:1A ～十候長

2000ES7SF1:19 ~七隧

2000ES9SF4:13 ~三候長

99ES16SF3:2 ~十六

99ES17SH1:10 ~廿隧長

0215

簿

1

99ES17SH1:1 兵~

箕部

0216

箕

2

2000ES9SF3:12 瓦~二

0217 重

其

22

2000ES14SF1:6 以合~

2000ES14SF1:6 視~何鐘

2000ES9SF3:5 詔書曰~行

2000ES9SF4:8 究~業

丌部

0218
丌

1

2000ES7SF1:35
～民

0219
典

2

99ES16ST1:1
專部士吏～

左部

0220
左

2

2000ES7SF1:84
卒～偃

甘部

0221
甚

2

99ES17SH1:6A
～深

曰部

0222
曰

11

99ES18SH1:1
問之～

99ES18SH1:1
晏子合～

2000ES9SF3:5
昌等皆～

2000ES9SF3:5
詔書～

2002ESCSF1:2
唬罣祝～

2002ESCSF1:6
桓公～

0223
曷

1

2000ES9SF4:3
書佐～

0224
曹

2

99ES16ST1:12
士吏～詡

乃部

0225
乃

4

2000ES9SF3:7
豊棺～復食

99ES17SH1:18
羣馬中～□□

丂部

0226
寧

1

2000ES9SF4:8
邊竟永～

可部

0227
可

5

2000ES9SF1:2
張～

2000ES7SF2:14B
毋鹽～

99ES16ST1:26
不～得證

号部

0228
號

1

99ES16ST1:14A
定～爲新

亏部

0229
平

13

99ES16ST1:3
～斗斛

99ES17SH1:1
河～二年

99ES17SH1:15
候史敞～

2000ES14SF1:1A
建～三年

2000ES7SF2:2B
安遠～

壴部

0230

彭

2

99ES16ST1:12

隧汜～

鼓部

0231

鼓

1

2000ES9SF4:8

巳～

豊部

0232

豊

5

2000ES7S:3A

～叩頭言

2000ES9SF3:7

～棺

虎部

0233

虎

2

2000ES9SF4:8

～耳將軍

皿部

0234
盧

1

2000ES7SF1:91
奉世若～

0235
盡

7

2000ES7S:4A
令百姓～知之

99ES17SH1:41
迹～壬辰

2002ESCSF1:1
舍中～

去部

0236
去

12

2000ES7SF1:12
卒～署亡

99ES16ST1:5
數～署

99ES16ST1:5
五～免

血部

0237
血

1

2000ES9S:8
～也

丶部

0238

主

2

99ES17SH1:6A 者～名

井部

0239

井

5

2000ES7SF1:85A 卌～候長

99ES16ST1:5 三十～關外

皀部

0240

即

19

2000ES9SF3:3 匈奴人～持兵刃

2002ESCSF1:4 南方火～急行

2000ES7SF2:3 民武～

2000ES9S:9 ～書

2000ES9SF3:1 候望～見

2000ES9SF4:22 錢～不必

99ES16ST1:19 季～不在

食部

0241
食

15

2000ES9SF3:7
復～

2000ES7SF1:2A
不肯與人～

2000ES7SF1:2A
梗鬼～

2000ES7S:11
畜生飲～

2000ES7SF1:65
～三石三斗三升少

99ES16ST1:12
二月馬～

2000ES7S:16A
蚤～

0242 重
滄

1

2000ES7SF2:4B
非常强～食

0243
餘

3

2000ES9SF3:4B
焦鳳牛十～頭

亼部

0244
合

5

2000ES14SF1:5
并～

99ES18SH1:1
晏子～（答）曰

0245

今

16

2002ESCSF1:2
~日

99ES16SF5:1
~或毋

2000ES7SF1:16
至~不來

99ES16SF2:1
~糴粟小石六石

0246

舍

6

2000ES7S:4A
謁~

2000ES7SF1:15
治膏~

2002ESCSF1:1
譚枉~中

會部

0247

會

12

99ES16ST1:11A
~丁丑旦

99ES16SF3:1C
~旦

2000ES9SF4:32
~正月十三日

99ES16ST1:16
~月十五日

倉部

0248

倉

6

99ES16ST1:3
~吏

2000ES9SF3:10
詣城~

入部

0249 入　14

2000ES7SF1:13　～奉泉六百

2000ES9SF3:4B　～肩水塞

99ES16SF2:3　癸巳～

99ES17SH1:2　出～兩行

0250 內　5

2002ES12SH1:2　～屋相

2002ES12SH1:2　～屋梁

缶部

0251 缺　2

99ES18SH1:1　塞～

矢部

0252 矢　14

99ES17SH1:14　稾～銅鍭

2000ES9SF3:9B　稾～銅鍭

99ES16ST1:20　稾～五十

(矢)

2000ES9SF3:9A 稾～銅鍭

99ES16SF1:3 稾～宜銅鍭

2000ES9S:11 稾～

2000ES14SF1:1B 稾～宜銅鍭

0253 重 射

7

2000ES7SF1:5 轉～

2000ES9SF3:13 轉～

2000ES9S:11 以稾矢～

0254 知

10

2000ES7S:4A 盡～之

2000ES14SF1:4 ～責家

99ES16ST1:19 不在～

高部

0255 高

5

99ES16SF4:1 ～遷

99ES17SH1:23B ～惲

0256 亭

16

2000ES9SF3:3 持兵刃功～

2000ES7SF1:127 ～卒

2000ES7S:4A 鄉～市里

2000ES7S:13 ～長

冂部

0257 市

5

2000ES7S:4A 鄉亭～里

2000ES9SF4:3 鄉亭～里顯見處

京部

0258 京

1

京 99ES18SH1:1 與者半～

㫗部

0259 厚

4

99ES17SH1:35A 厚～

2000ES7SH1:18B 奉～

畗部

0260 良

6

99ES16SF3:1C 日時～

99ES16ST1:13 王～

㐭部

0261 重

廩

2

廩　99ES16ST1:12

～前

來部

0262

來

7

2000ES7SF1:16

至今不～

2000ES7S:33

報遣使～

2000ES7SF2:2B

從所～

夊部

0263

致

5

2000ES9SF4:21

～吞遠隧

2000ES9SF4:21

～官

韋部

0264

韋

2

2002ES12SH1:2

二～臥

弟部

0265
弟

2

2000ES7SF1:88A
史~卒

久部

0266
久

3

2000ES14SF2:2B
~不相見

2000ES7SF1:121
~叩頭

桀部

0267
乘

2

2002ESCSF1:7
復有~記

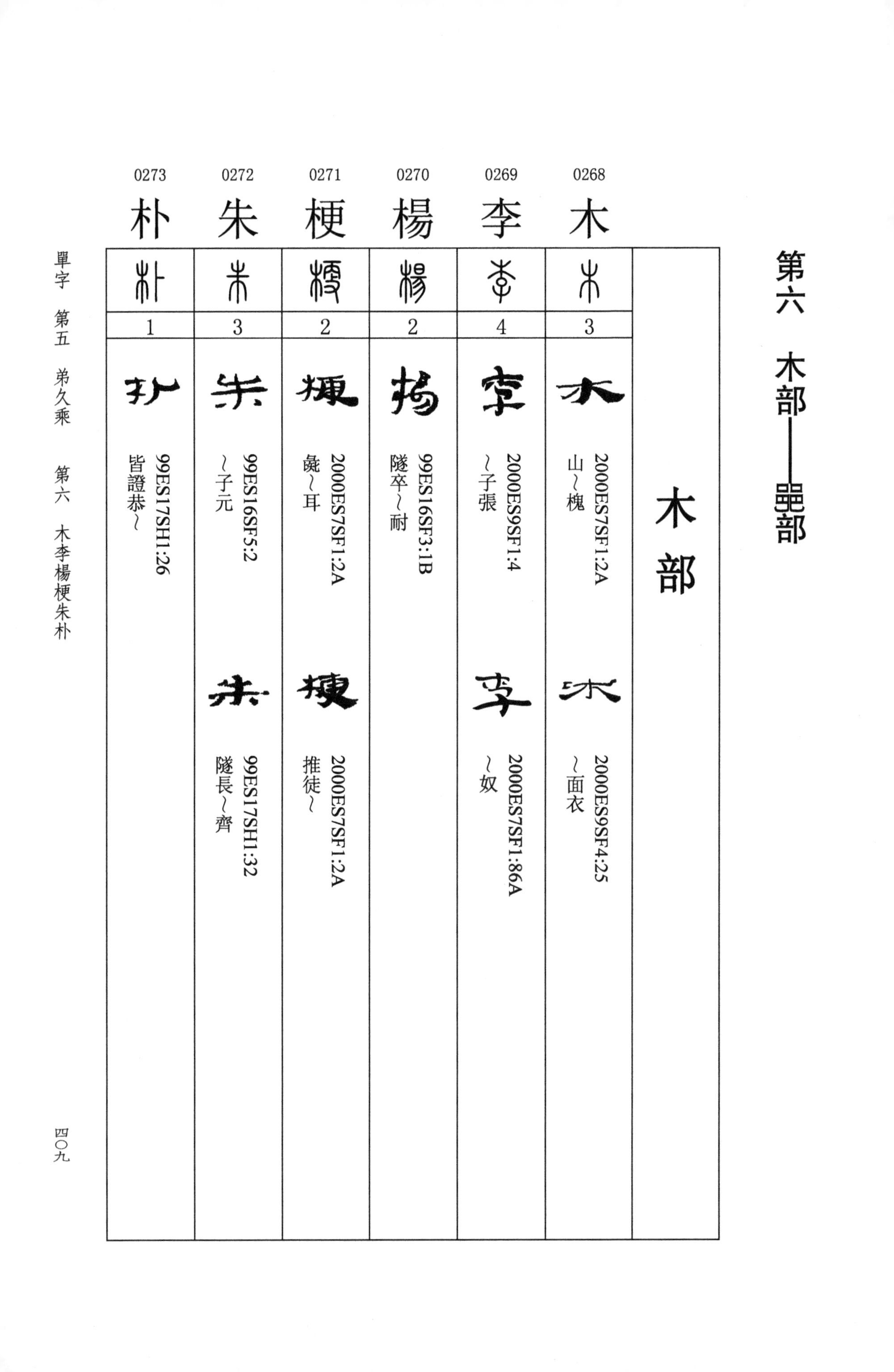

第六 木部——𨛜部

木部

0268 木 — 3
- 2000ES7SF1:2A 山～槐
- 2000ES9SF4:25 ～面衣

0269 李 — 4
- 2000ES9SF1:4 ～子張
- 2000ES7SF1:86A ～奴

0270 楊 — 2
- 99ES16SF3:1B 隧卒～耐

0271 梗 — 2
- 2000ES7SF1:2A 彘～耳
- 2000ES7SF1:2A 推徒～

0272 朱 — 3
- 99ES16SF5:2 ～子元
- 99ES17SH1:32 隧長～齊

0273 朴 — 1
- 99ES17SH1:26 皆證恭～

0274	0275	0276	0277	0278	0279	0280	0281
枚	枉	槷	桓	檠	樂	札	檄
2	1	1	1	1	1	2	8
2000ES41SF2:5 羊偉一～	2002ESCSF1:1 譚～舍中	99ES18SH1:1 始治～壞塞缺	2002ESCSF1:6 君耳～公	檠 2000ES9SF3:14 ～弩	99ES16SF2:3 安～里	2000ES7SF2:1B 政貸研書數～	99ES17SH1:6A 移督蓬樊掾～ 99ES16SF3:1C 以～言 99ES17SH1:2 用～廿

0282 梁

4

2002ES12SH1:2 內屋～

2000ES7SF1:101 屋～

0283 横

1

2000ES7S:4A 司馬～行

0284 檮

12

99ES16SF2:4C 日迹～

99ES16SF2:4B 日迹～

0285 棺

1

2000ES9SF3:7 豊～

0286 櫜

2

99ES16SF3:2 米肉～一

東部

0287 東

6

99ES16ST1:24A 東方～

99ES16ST1:24A ～方東

2002ESCSF1:5A ～南有得

2002ESCSF1:5A ～毋行

2002ESCSF1:5A ～大吉

2002ESCSF1:5A ～北

之部

0288

之 

63

99ES18SH1:1
姦人惡～

2000ES7SF2:2A
敢言～

2000ES7S:3A
令史敞～

99ES17SH1:1
善書～

99ES18SH1:2
隨民惡～

2000ES9SF3:4A
敢言～

99ES17SH1:21
到牛捶辱～武若

2000ES7SF1:43
～連

2000ES9S:11
射～

2000ES7S:3B
令百敞～

99ES18SH1:1
晏子問～曰

99ES17SH1:8
敢言～

99ES17SH1:6A
言～官

2000ES9SF3:5
均富～

2000ES9SF4:13
第三候長敢言～

2000ES9SF4:13
謹録移敢言～

出部

0289 出

篆文：出

21

2002ESCSF1:2 急行～邑

2000ES7SF1:3 ～茭百七十

2002ESCSF1:7 ～言被記報

99ES17SH1:2 ～入兩行

朩部

0290 索

篆文：索

6

99ES16SF3:1C 急縣～

2000ES7S:14A ～一完

2000ES9SF3:8 承～七丈

0291 南

篆文：南

11

2002ESCSF1:5A 東～有得

2002ESCSF1:5A ～有得

2000ES9SF4:11 安朝郎～

生部

0292 生

篆文：生

2

2000ES7S:11 畜～

華部

0293 華

1

2000ES9S:2 ～商

桼部

0294 桼

2

2000ES7SH1:7 火～

東部

0295 東

4

2000ES7SF1:15 者且～

2000ES7SF1:3 茭百七十～

橐部

0296 橐

3

2000ES9SF3:4A ～佗候官

口部

0297 國

8

2000ES9S:2 始建～地皇上

2000ES9SF4:24 竭忠處～

2000ES9SF4:11 匈奴～土

0298 困

1

99ES16ST1:15A ～蜀

貝部

0299 財

2

99ES17SH1:2 ～用

0300 贛

2

99ES16ST1:9 王子～

0301 賞

4

99ES16ST1:4 胡虜講～

99ES16ST1:3 告候尉～倉吏

0302 負

1

99ES16ST1:12 相～

0303 賓 2

99ES16ST1:14A 索土之～

0304 責 3

99ES16ST1:9 ～居延男子

99ES16ST1:19 知～家見在親

0305 賈 1

2000ES9SF4:22 ～錢五百

0306 買 6

2000ES7SF2:3 ～白布綺一兩

2000ES7SF1:3 未～

2000ES7SF1:16 ～羊

邑部

0307 邑 2

2002ESCSF1:2 出～

0308 都 9

2000ES7S:4A 下部～尉

2000ES7SF1:48 居延～尉

2000ES7SF1:6A 司馬君～吏

0309 鄭 1

2000ES7SF1:6A 都吏～卿

0310
部

13

99ES17SH1:1
第十七～

99ES16ST1:1
專～士吏典

2000ES7S:4A
守～司馬

99ES16ST1:9
第十～

0311
郅

2

2000ES9SF4:17A
～卿治所

0312
郭

4

99ES16SF2:3
安樂里～遂

99ES17SH1:3
候長～卿

䣈部

0313
鄉

4

2002ESCSF1:3A
毋北～

2000ES7S:4A
書～亭市里門外

第七　日部——白部

日部

0314

日

101

2000ES9S:8
三～

99ES16ST1:17
五～

2000ES7SF1:89B
八月十七～

2000ES7S:16A
～蚤食

2000ES9SF4:18B
正月廿～

99ES16SF2:4B
～迹檮

2000ES9SF4:32
九～

2002ESCSF1:2
今～利以行

2002ESCSF1:18B
八月五～

2000ES7SF1:6A
即～

2000ES9SF4:32
正月十三～

2000ES9SF3:18
自言省～

99ES17SH1:8
十五～

99ES16ST1:16
會月十五～

0315

時

16

2000ES7SH1:27
～君昨日

2000ES9S:4
歸及田～

时 2000ES9SF4:23A 舉錯～

2000ES7S:27 盡～

99ES16SF3:1C 日～

2000ES9SF4:20A 移一～

0316

昧

1

99ES17SH1:33 ～死以聞

0317

晏

3

99ES18SH1:1 ～子合曰

2000ES9SF4:15B 相卒焦～

0318

昨

1

2000ES7SH1:27 ～日

0319

昌

4

2000ES9SF3:5 臣～

2000ES7S:13 亭長龔～

2000ES9SF3:5 ～等皆曰

0320

普

2

99ES16SF1:2 隊長王～

99ES16ST1:14A ～天

旦部

0321

旦

8

99ES16ST1:11A
丁丑～

2000ES9SF4:9
下～

2000ES9SF4:15B
二月～始

月部

0322

月

112

2000ES7S:4A
十一～

2000ES9SF3:5
十一～

2000ES9SF3:4A
九～

2002ESCSF1:3A
三～

2000ES7SF1:85A
二～

2000ES7SF1:3
以三～録償

2000ES9SF4:18B
正～

2000ES9SF4:17A
五～

2000ES7SF1:1A
九～乙亥

2002ESCSF1:18A
八～

2000ES9SF4:13
九～

99ES17SH1:2
三～

0323

朔

9

2000ES9SF3:2
三月癸亥～

99ES16SF3:1A
陽～元年

0324
有
19

有部

2002ESCSF1:5A
北～得

2002ESCSF1:5A
卯東南～得

2000ES7SF1:79
～得

2002ESCSF1:7
復～乘記

0325
朙
10

朙部

2000ES7SF1:1B
明～官

2000ES7S:4A
～白扁

2000ES9SF3:5
～詔

99ES16ST1:14A
新臣～

0326
外
5

夕部

99ES16ST1:5
關～

2000ES7S:4A
門～

田部

0327
虜

16

99ES16ST1:4
胡～講賞

2000ES9S:8
胡～

2000ES7SF1:3
驚～隧長

马部

0328
马

2

2000ES7S:10
～甲致

卤部

0329
㮚

7

粟
2000ES7SF1:127
～得十二

2000ES7SF1:127
～武所至

99ES16ST1:12
取～

齊部

0330
齊

4

2000ES9SF4:14
飲藥五～

99ES17SH1:32
朱～

片部

0331 牒

4

99ES16ST1:17 如～留

99ES16SD1:3 名如～

2000ES9SF4:18A 聽書～署

禾部

0332 私

3

2000ES7SF1:85A ～印

0333 移

6

2000ES9SF4:13 謹録～

2000ES9SF4:20A 有意～一

99ES17SH1:6A ～督蓬樊掾

0334 積

2

2000ES7S:1 ～薪

0335 稾

11

2000ES9S:11 ～矢

2000ES14SF1:1B ～寅矢

99ES16SF1:3 ～寅矢

稾 2000ES9SF3:9B ～矢

2000ES9SF3:9A ～矢

0336 年

年（篆）　40

2000ES9SF4:17A　居攝三～

2000ES9SF3:4A　建武四～

2000ES9SF3:8　元延元～

2000ES7SF1:1A　建平五～

2000ES9SF3:5　元～

2000ES7SF1:31　當～

99ES16SF1:4　建昭五～

2000ES7SF1:28　～三

99ES16SF3:1A　陽朔元～

0337 轂

轂（篆）　8

2000ES7SF1:14　～二石九升少

2000ES7SF2:1B　臧田不～

0338 秦

秦（篆）　2

秦　99ES17SH1:22B　～長

0339 程

程（篆）　4

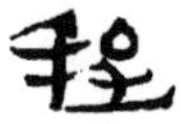
99ES16ST1:11A　候史～竝

99ES16ST1:11B　第十候史～竝

秝部

0340 兼

兼（篆）　1

2000ES7SF1:85A　～行

米部

0341 米

6

2000ES7SF1:29B
～三斗

99ES16SF3:2
～肉

0342 竊

1

2000ES9SF3:5
～見

凶部

0343 凶

5

2002ESCSF1:5A
西北～巳東毋行

2002ESCSF1:5A
西北～辰東大吉

2002ESCSF1:5A
西～

2000ES7S:11
十四～

宀部

0344 宣

11

2000ES9SF3:15A
莊～

2000ES7SF1:3
王～

2000ES7SF1:13
趙～

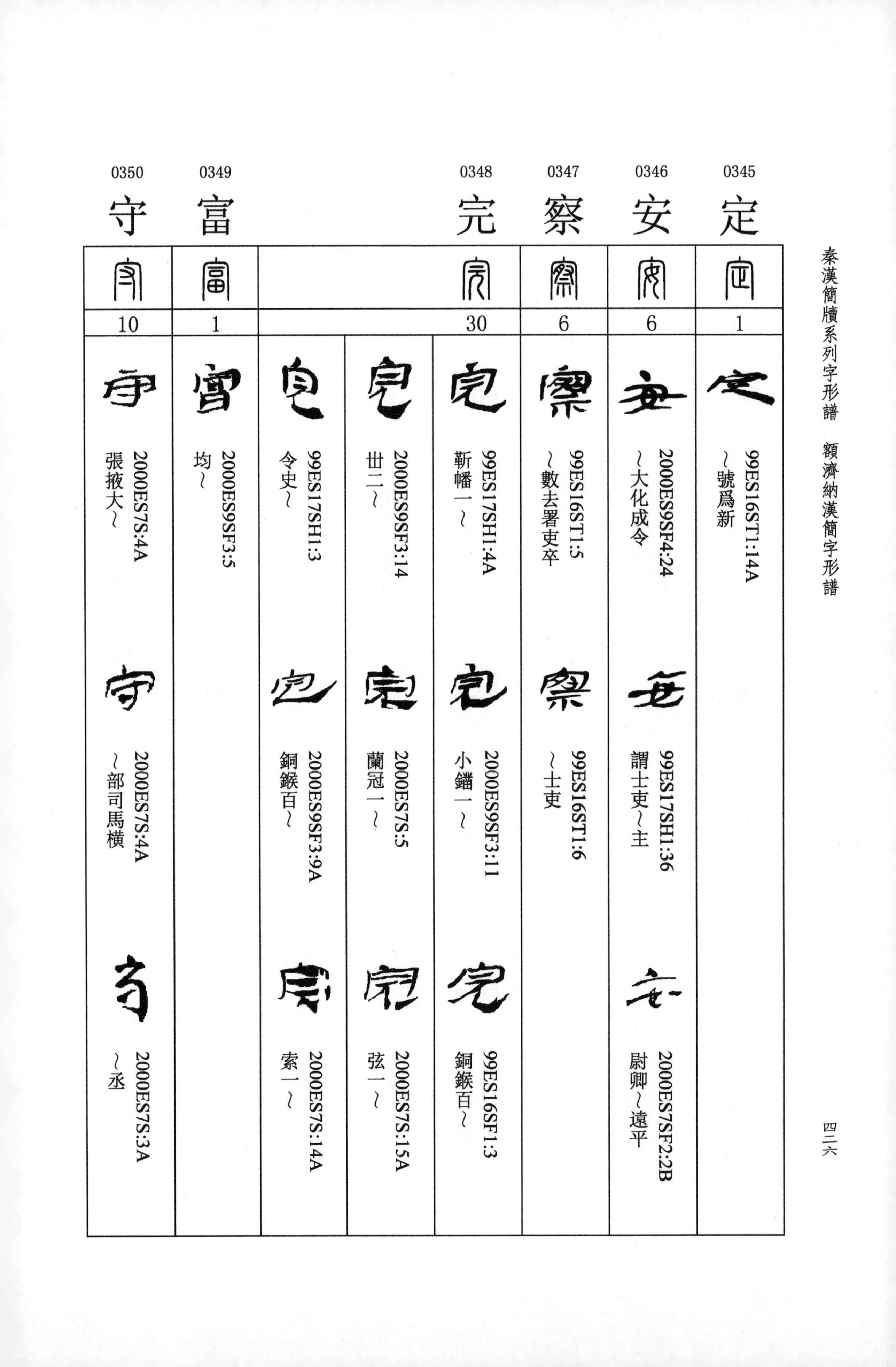

0345 定	0346 安	0347 察	0348 完			0349 富	0350 守
1	6	6	30			1	10
99ES16ST1:14A ～號爲新	2000ES9SF4:24 ～大化成令	99ES16ST1:5 ～數去署吏卒	99ES17SH1:4A 靳幡一～	2000ES9SF3:14 丗二～	99ES17SH1:3 令史～	2000ES9SF3:5 均～	2000ES7S:4A 張掖大～
	99ES17SH1:36 謂士吏～主	99ES16ST1:6 ～士吏	2000ES9SF3:11 小鐇一～	2000ES7S:5 蘭冠一～	2000ES9SF3:9A 銅鍭百～		2000ES7S:4A ～部司馬横
	2000ES7SF2:2B 尉卿～遠平		99ES16SF1:3 銅鍭百～	2000ES7S:15A 弦一～	2000ES7S:14A 索一～		2000ES7S:3A ～丞

0351
宜

2

2000ES11SH1:1
戍卒～

99ES16ST1:15A
毋恙～

0352
宿

2

2000ES7SF1:6A
即日～

0353
宗

2

2000ES7SF1:10
王～

吕部

0354 重
躬

1

2000ES7SF1:22
～耕

穴部

0355
究

1

2000ES9SF4:8
～其業

疒部

0356 疾

2

2000ES9SF4:23A ～虛僞

0357 病

6

99ES17SH1:23B ～君廉

2000ES7SF2:13 ～

冖部

0358 冠

5

99ES16ST1:20 蘭～

2000ES7S:5 蘭～

冃部

0359 同

6

2000ES9SF4:29B 李～

2000ES9SF4:24 ～心

网部

网部

0360 兩

兩 8

2000ES9SF3:23A 十三~

2000ES7SF2:3 綺一~

99ES17SH1:2 出入~行

0361 罪

罪 17

2000ES7SF1:1B 發書叩頭死~

2000ES7SF1:1B ~當死

2000ES7SF1:1B 叩頭死~明官

0362 署

署 12

99ES16ST1:5 去~

2000ES7SF1:14 ~

99ES16ST1:5 ~三十

巾部

0363 幣

幣 3

幣 99ES16ST1:4 毋令編~

0364 幡

幡 2

99ES17SH1:4A 斬~一完

0365 ⿰巾盾

⿰巾盾 1

99ES16ST1:20 稾矢五十~

0366

布

3

2000ES7SF2:3
白～綺

2000ES14SF2:5
～匹八尺

白部

0367

白

15

2000ES9SF3:14
～繩

2000ES7SF1:60A
～記

2000ES9SF4:20A
明～扁

人部

0368 人（30）
- 2000ES7SF1:2A 與~食
- 2000ES7SF1:2A 毋~
- 2000ES9SF3:3 匈奴~
- 2000ES9SF3:4B 羌女子一~
- 99ES18SH1:1 姦~

0369 仁（3）
- 2000ES7S:3A 守丞~
- 2000ES7S:3A 皆~

0370 伋（3）
- 2000ES9SF4:8 厥功~〈伇〉焉
- 2000ES9SF4:8 封~

0371 仲（2）
- 2000ES7SF1:29A ~憲
- 2000ES7S:12A 次~

0372 偉（1）
- 2000ES41SF2:5 羊~（韋）

字號	字頭	數量	字形及出處
0373	佗	3	 2000ES9SF3:6 橐～ 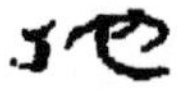 2000ES9SF3:4A 橐～候官
0374	何	7	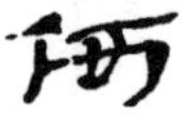 99ES18SH1:1 奈～  2000ES14SF1:6 視其～鐘  2000ES7SF2:1A 是～
0375	偕	1	 2000ES9SF4:23A ～吏千石
0376	付	4	 2000ES7SF1:37 以書～  99ES17SH1:2 ～門卒蔡[惀]財  99ES16SF3:1C ～譚日時良
0377	佰	1	 2000ES7SF1:88B 出～
0378	作	11	 99ES17SH1:8 所～治  2000ES9SF3:8 所～治  99ES16SF1:5 襍～上品  2002ESCSF1:1 敕～子前
0379	侵	2	 99ES16ST1:3 毋～

0380

傒

77

99ES16ST1:2
~長

99ES16SF3:1A
~長

99ES16ST1:2
~史

99ES17SH1:15
~史

99ES16ST1:3
~尉

2000ES9SF3:1
~望

0381

償

2

2000ES7SF1:3
以三月禄~

0382

便

3

2000ES9S:1
鄣候察~

99ES16ST1:11A
~道

0383

任

3

2000ES9SF3:2
不~候望

2000ES9SF1:4
已~者

0384

使

8

2000ES7SF1:127
~

2000ES7SF1:127
日武~卒莊通粱

2000ES7S:33
遣~

0385

傳

2

99ES16SF3:2
~詣

0386

僞

1

2000ES9SF4:23A
虛~

0387
伏

7

2000ES7SF2:2B
～地言

2000ES7S:3B
～地再拜

2000ES7SH1:30
～地再拜請

0388
免
2

99ES16ST1:5
隊長五去～

0389
⿰亻愈
1

2000ES9SF4:14
不～（愈）

七部

0390
化

1
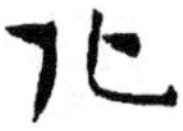
2000ES9SF4:24
大～

匕部

0391
頃

5

2000ES7S:12A
坐前～

99ES16SF2:3
田一～

从部

0392

從

18

2000ES9SF4:15B ～相卒

2000ES7SF1:52 ～事

2000ES9SF3:4A ～史

2000ES7SF2:3 ～嚴立

2000ES7SF2:2B ～所來

0393

并

2

2000ES14SF1:5 ～合

比部

0394

比

1

2000ES9SF4:23A 及～者

北部

0395

北

21

2002ESCSF1:5A 西～凶巳東毋行

2002ESCSF1:5A 西～凶辰東大吉

2002ESCSF1:5A 西凶～有得

2002ESCSF1:5A 東～

2002ESCSF1:3A 毋～鄉

2000ES7SF1:13 止～隧

丘部

0396 虛

2

2000ES9SF4:23A

~僞

壬部

0397 堲

17

2000ES7SF1:4

~地表

2000ES7S:1

~大積薪

2000ES7SH1:3

~塢上火

2000ES7SF1:118

~☐

重部

0398 重

4

2000ES9SF3:23A

~十三兩

2000ES9SF3:3

~關下

臥部

0399 臥

1

2002ES12SH1:2 ～内

0400 臨

4

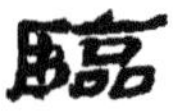

2000ES7S:13 ～道

2000ES7SF1:87 留～

衣部

0401 衣

3

2000ES9SF4:25 木面～

99ES17SH1:7 齊～裝作

0402 表

2

表 2000ES7SF1:4 朢地～

0403 被

3

99ES17SH1:1 ～兵簿

2002ESCSF1:7 ～記報

0404 卒

66

99ES16ST1:5 吏～

2000ES7SF1:1A 隧～

2000ES7SF1:6A 吏～

2000ES9SF3:3 助～

2000ES11SH1:1 戍～

2000ES7SF1:40 隧～

2000ES9SF3:1
吏～

99ES16SF3:1B
隊～王如意

老部

0405
壽
1

2000ES7SH1:30
延～

0406
考
1

2000ES9SF4:23A
～績

0407
孝
3

99ES16ST1:12
張～

2000ES7S:28
日～至

毛部

0408
毛
1

2000ES7SF1:93
～平

尸部

0409 居

居

37

2000ES9SF3:16A ~延

2000ES9SF3:9A ~延

2000ES9SF3:9B ~延

2000ES7SF1:13 ~延甲渠

2000ES9SF3:1 起~

2000ES9SF4:21 ~延

2000ES7S:3A 起~

0410 屋

3

2002ES12SH1:2 臥内~

2002ES12SH1:2 炊内~

0411 屎

1

2000ES9SF3:15A 牛~索

尺部

0412 尺

尺

3

2000ES14SF2:5 布匹八~

99ES17SH1:2 檄廿三~

方部

0413

方

4

99ES16ST1:24A 東～

2002ESCSF1:4 南～

2000ES9SF3:5 ～略

儿部

0414

充

2

99ES17SH1:36 候長～

先部

0415

先

5

2000ES7SF2:9 令於～教

99ES18SH1:1 ～治

見部

0416

見

23

2000ES9SF3:5 竊～

2000ES9SF3:1 ～匈奴

2000ES14SF2:2B 不相～

99ES16ST1:19 ~在親

0417 視 5

99ES16SD1:5 請~

99ES16ST1:10 ~事

0418 親 2

2000ES7SF1:22 親~ 亲

欠部

0419 欲 7

2002ESCSF1:2 ~急行

99ES16ST1:23A 皆折~

2000ES9SF3:5 ~均富之

0420 次 4

2000ES7S:12A ~仲

2002ESCSF1:1 舍於~

歙部

0421 歙 2

2000ES7S:11 ~食 歙

第九　頁部——彑部

頁部

0422 頭

20

2000ES7SF1:1B 叩～死罪

2000ES7SF1:1B 叩～死罪

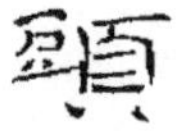

2000ES9SF3:4B 十餘～

2000ES9S:8 截～

2000ES7S:3A 叩～言

2000ES7SF1:27A 叩～

0423 顯

2

顉 2000ES7SF1:3 ～以三月

0424 煩

1

2000ES7SF1:20A 數～

面部

0425 面

1

2000ES9SF4:25 木～衣

県部

0426
縣
縣
3

2000ES9SF4:4
~丞

99ES16SF3:1C
急~索

后部

0427
后
后
1

2000ES9SF4:37
皇大~

司部

0428
司
司
8

99ES17SH1:19
大~馬

2000ES7SF1:6A
~馬

2000ES7S:4A
~馬橫

卩部

0429
令
令
41

99ES17SH1:3
~史

2000ES7SF2:9
~於先教

2000ES7S:3B
庚午~史

2000ES7S:3A
～史

2000ES7S:3B
～使再計

2000ES7S:3B
～百敞之

2000ES7SF2:2B
～從所來

2000ES9SF4:24
大化成～

印部

0430
印

3

99ES17SH1:15
私～

2000ES7SF1:85A
私～

卯部

0431
卿

17

2000ES9SF4:17A
郅～治所

2000ES7SF1:6A
鄭～

99ES17SH1:3
～取

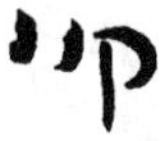
99ES17SH1:3
候長郭～

2000ES7SF2:2B
尉～

辟部

0432

辟

2

2002ESCSF1:2 ～除道

勹部

0433

匈

6

2000ES9SF3:3 ～奴人

2000ES9SF4:8 ～（胸）腹

2000ES9SF3:1 ～奴人

苟部

0434

敬

1

2000ES9SF4:23A ～讓

鬼部

0435

鬼

1

2000ES7SF1:2A ～食

山部

0436 山

山 5

2000ES7SF1:2A 介～

2000ES7SF1:13 累～里

广部

0437 府

府 13

99ES16ST1:11A 士吏猛對～還

99ES16ST1:11A 便道馳詣～

99ES16SF2:8 ～如律令

0438 庭

庭 2

2000ES7SF1:40 鉼～

0439 廣

廣 4

2000ES7SF1:85A 候長～

2000ES7SF1:91 臣～

0440 廉

廉 1

99ES17SH1:23B 君～

石部

0441

石

43

2000ES9SF4:21 墬廿～

99ES17SH1:5A 六～具

99ES17SH1:10 少八～

2000ES41SF2:8 二百卌～

0442

研

1

2000ES7SF2:1B ～書

長部

0443

長

81

99ES16ST1:2 候～

99ES16ST1:6 候～

2000ES7SF1:85A 候～

2000ES7SF1:91 更～

99ES16SF2:2 隧～

2000ES7S:13 亭～

2000ES7SF1:28 ～女

2000ES9SF4:17A 候～

2000ES7SF1:13 隧～

99ES17SH1:10 隧～

99ES16SF3:1C 隊～

99ES16SF3:1A 候～

2000ES9SF4:13
候～

而部

0444 重

耐

耏
1

99ES16SF3:1B
楊～

彑部

0445

彘

彘
1

2000ES7SF1:2A
爲～

第十 馬部——心部

馬部

0446 馬

11

99ES16ST1:12 ～食

2000ES7SF1:6A 司～

2000ES7S:4A 司～橫

0447 驗

3

99ES16ST1:17 謹～問辭

99ES16ST1:11A 有所～

0448 騎

8

2000ES9SF3:4B 虜四～

2000ES7S:13 ～吏

2000ES7SF1:31 卌～

0449 馮

2

99ES16SF5:2 ～卿

0450 馳

2

99ES16ST1:11A 便道～

0451 驚

2

2000ES7SF1:3 ～虜隧

廌部

0452 重

法

1

2000ES9SF4:20A 行～如詔條律令

犬部

0453

狀

2

2000ES7SF1:1B 毋～

2000ES9SF4:20A 毋～者

0454

猛

1

99ES16ST1:11A 士吏～

0455

獨

1

99ES16ST1:16 ～當會月

㹜部

0456

獄

2

2002ESCSF1:2 ～史

火部

0457 火 20

2002ESCSF1:4 南方～

2000ES7SH1:7 持～者

2002ESCSF1:18A 苣～

2000ES9SF3:1 如薰～品約

0458 炊 1

2002ES12SH1:2 屋梁與～

0459 尉 11

2000ES7SH1:26 ～史

99ES16ST1:3 候～

2000ES7SF1:48 都～

2000ES7SF2:2B ～卿

0460 重 焦 3

2000ES9SF3:4B ～鳳牛

2000ES9SF4:15B 從相卒～晏

0461 光 3

99ES17SH1:13 永～二年

2002ESCSF1:2 五～

0462 **籛**

4

藨 2000ES9SF3:1 ～火

2000ES9SF3:15A 地～

黑部

0463 **黑**

2

2000ES9SF3:18 ～色

大部

0464 **大**

39

2000ES7SF1:31 公～夫

2000ES7S:1 望～積薪

2002ESCSF1:5A 東～吉

2000ES9SF4:24 ～化成令

2000ES7S:4A 張掖～守

2002ES12SH1:2 ～二韋

0465 **奈**

2

99ES18SH1:1 ～何

交部

0466
交

1

2000ES7SF1:32
～（茭）錢

幸部

0467
睪

1

2002ESCSF1:2
嘑～（皋）

0468
報

3

2000ES7SF2:1A
義～王子

2002ESCSF1:7
言被記～

夫部

0469
夫

4

2000ES7SF1:31
公大～

2000ES9SF3:5
學大～

立部

0470
立

4

99ES17SH1:11A
王～

2000ES7SF2:3
嚴～

0471
端

1

2000ES9SF3:5
萬～

0472
竭

1

2000ES9SF4:24
～忠處國

竝部

0473
竝
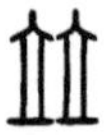
7

99ES16ST1:11A
程～

99ES16ST1:9
蕭～

心部

0474
心

2

2000ES9SF4:24
君臣同～

0475
意

2

99ES16SF3:1B
王如～

0476
忠

2

2000ES9SF:24
竭～處國

0477	0478	0479	0480	0481	0482		0483
憲	恭	恩	急	怒	惡		恙

2	2	3	5	1	5		3
 2000ES7SF1:29A 仲～	 2000ES7SF2:4A 季～	 2000ES9SF3:21 扶～義里	 2002ESCSF1:4 ～行者	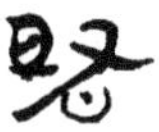 2000ES7SF2:1B 大～	 蒠 99ES18SH1:2 隨民～之	 惪 99ES18SH1:1 姦人～之	 99ES16ST1:15A 毋～
 2000ES7S:33 五絜～君		 2000ES9SF4:1 蒙～勿治其罪	 2002ESCSF1:2 ～行				 2000ES7S:3A 毋～

第十一　水部——非部

水部

編號	字頭	數量	出處	辭例
0484	水	7	2000ES9SF3:4B	肩~塞
			2000ES7SF1:79	膏見~及黑物
			2002ESCSF1:14	持~
0485	河	3	2000ES9SF3:4B	渡~
			99ES17SH1:1	~平二年
0486	漢	1	99ES17SH1:36	~彊
0487	深	3	2000ES9SF3:5	~閔百姓
			99ES17SH1:6A	甚~
0488	治	16	2000ES7SF:15	~膏舍
			99ES18SH1:1	先~
			2000ES9SF4:17A	~所
			99ES18SH1:1	始~
			99ES17SH1:8	所作~

0489
氾

1

99ES16ST1:12
~彭廡

0490
滿

1

2000ES9SF3:5
里附城~

0491
沙

2

99ES16SF3:1A
除~

0492
溝

2

2000ES9SF3:10
甲~官

0493
瀆

1

2000ES9SF4:8
~虜智

0494
渠

21

2000ES7SF1:19
甲~

2000ES9SF3:9B
甲~

99ES18SH1:1
~通

2000ES9SF3:9A
甲~

99ES16SF1:4
甲~候

2000ES7SF1:13
甲~

0495
汙

1

99ES16ST1:15A
傷~元

0496 減

1

減 2000ES14SF2:7 削～

泉部

0497 泉

6

2000ES7SF1:13 奉～

99ES16SF1:5 事作～必

灥部

0498 重 原

1

2000ES9SF1:5B 薛卿之～

永部

0499 永

5

2000ES9SF4:8 邊竟～寧

2000ES7SF2:2B ～伏地言

0500 羕

1

2000ES9SF4:20B 令史～

夊部

0501
冬

1

2002ESCSF1:3A
～三月

非部

0502
非

1

2000ES7SF2:4B
～常

第十二　不部——弦部

不部

0503 不

33

99ES16ST1:19
～在

2000ES7SF1:2A
～肯

2000ES7SF2:1A
～肯

2000ES7SF1:16
至今～來

2000ES41SF2:2B
～相見

2000ES7SF2:1B
臧田～穀

至部

0504 至

18

2000ES7SF1:85A
候長廣～

2000ES9SF3:7
復食～

2000ES9SF4:32
十三日～

99ES16SF2:8
～德行部

0505 到

25

2000ES9SF3:4C
～金關西門下

2000ES9SF4:20A
書～明白扁

2000ES9SF3:4A
～橐佗候官

2002ESCSF1:7 復有乘記閱～

西部

0506

西

7

2002ESCSF1:5A ～凶

2002ESCSF1:5A 南有得～北凶

2002ESCSF1:5A 東南有得～北凶

2000ES9SF3:4C 金關～門下

盬部

0507

盬

2

2000ES9SF4:21 ～廿石

2000ES7SF2:14B 毋～

戶部

0508

戶

2

2000ES9SF3:3 閉～重關

門部

0509 門

4

2000ES7S:4A
~外

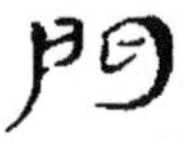

2000ES9SF3:4C
金關西~下

99ES17SH1:2
~卒

0510 閎

4

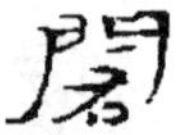

2000ES9SF3:4A
從史~

2000ES9SF4:20B
尉史~

0511 閉

2

閇 2000ES9SF3:3
~户

0512 關

6

2000ES9SF3:4C
金~西門下

99ES16ST1:5
三十井~外

2000ES9SF3:3
重~下

0513 閱

1

2002ESCSF1:7
復有乘記~到

0514 閔

1

2000ES9SF3:5
深~百姓

耳部

0515 耳

3

2000ES9SF4:8
虎～將軍

2000ES7SF1:2A
爲彘梗～

2002ESCSF1:6
君～桓公

0516 聖

1

2000ES9SF3:5
奉～

0517 聽

1

2000ES9SF4:18A
到～書牒署

0518 職

2

2000ES7SF1:1B
～事

手部

0519 手

2

2000ES9SF4:11
單～〈于〉郎將

0520 指

1

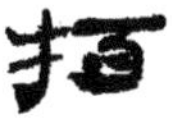

2000ES7SH1:29
所～走

0521 重 拜

10

2000ES9SF4:8
～爲虎耳將軍

99ES16ST1:15A
～請

2000ES7S:3B
再～白丞

0522 推

2

2000ES7SF1:2A
子～徒梗

2000ES7SH1:7
介子～

0523 扶

2

2000ES9SF3:21
～恩義里

0524 持

7

2000ES9SF3:3
～兵刃

2000ES7SH1:7
～火者

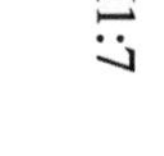
2000ES7SF1:26B
王輔等皆～

0525 攝

5

聑 2000ES9SF4:17A
居～三年

2000ES9SF4:17A
居～三年

0526 掾

10

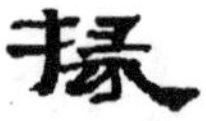
99ES16ST1:11A
張～

2000ES9SF3:4C
～誼

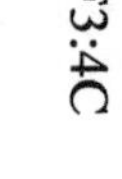
2002ESCSF1:12
～

99ES17SH1:6A
移督蓬樊～

0527 承

12

2000ES7S:15A
～弦一完

2000ES9SF3:8
～索七丈

2000ES9SF4:20A
～用

0528 舉

4

2000ES9SF4:23A
用禮～

2000ES7SH1:4
夜～苣火

編號	字	數	例
0529	拔	2	2000ES9SF3:3 ~劍
0530	捕	1	2000ES9S:8 ~斬胡虜
0531	掖	2	2000ES7S:4A 張~大守
0532	挃	1	2002ESCSF1:6 大~田章

女部

編號	字	數	例
0533	女	6	99ES18SH1:2 男~之會；2000ES9SF3:4B 羌~子；2000ES7SF1:28 長~年三
0534	姓	2	2000ES9SF3:5 百~
0535	母	3	99ES16ST1:14A 父~；2000ES9SF4:32 子張~

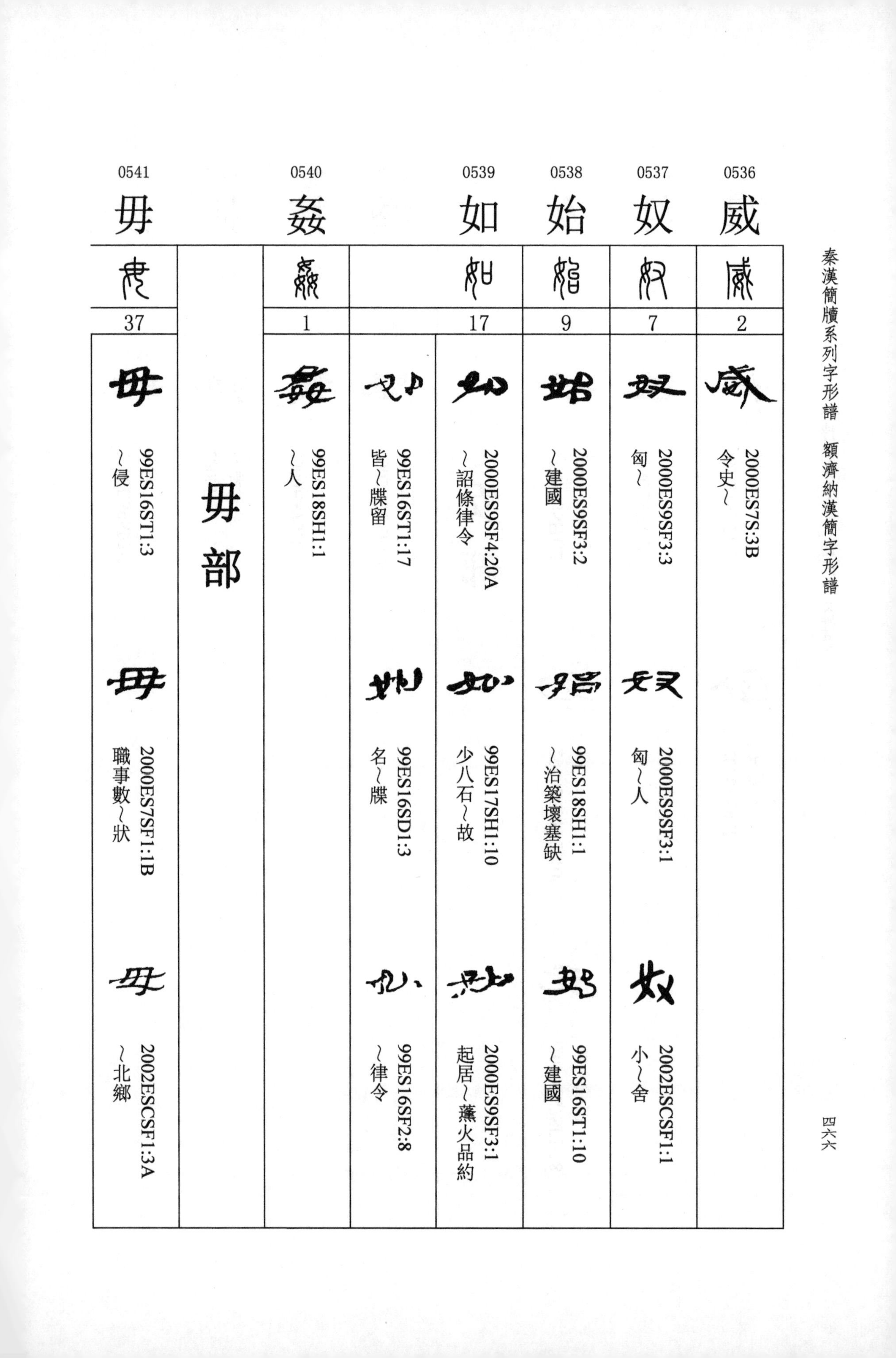

字號	字頭	字數	出處及辭例
0536	威	2	2000ES7S:3B 令史～
0537	奴	7	2000ES9SF3:3 匈～；2000ES9SF3:1 匈～人；2002ESCSF1:1 小～舍
0538	始	9	2000ES9SF3:2 ～建國；99ES18SH1:1 ～治築壞塞缺；99ES16ST1:10 ～建國
0539	如	17	2000ES9SF4:20A ～詔條律令；99ES17SH1:10 少八石～故；2000ES9SF3:1 起居～薰火品約；99ES16ST1:17 皆～牒留；99ES16SD1:3 名～牒；99ES16SF2:8 ～律令
0540	姦	1	99ES18SH1:1 ～人

毋部

字號	字頭	字數	出處及辭例
0541	毋	37	99ES16ST1:3 ～侵；2000ES7SF1:1B 職事數～狀；2002ESCSF1:3A ～北鄉

2000ES14SF2:7 ~削減

2000ES7SF1:2A ~人單

99ES16ST1:11A ~得以它爲解

2002ESCSF1:2 ~死

2002ESCSF1:5A 東~行

99ES16ST1:15A ~恙

2000ES7SF2:1A ~意它作

2000ES9SF4:20A ~狀者

民部

0542 民 13

99ES18SH1:2 隨~惡之

2000ES7SF2:3 ~武

2000ES7SF1:35 刀~

乀部

0543 也 2

2000ES9S:8 血~三日

戈部

0544

戍

戍　2

2000ES11SH1:1　～卒

0545

或

或　5

2000ES9SF4:8　～濆虜智

99ES16SF5:1　毋～

0546

𢧜

𢧜　1

截　2000ES9S:8　～頭百五级

0547

武

武　9

99ES17SH1:21　～若

2000ES7SF2:3　民～

2000ES9SF3:4A　建～四年

我部

0548

義

義　7

2000ES7SF2:1A　～報

2002ESCSF1:2　莫敢～（我）當

2000ES9SF3:21　扶恩～里

乚部

0549

直

13

2000ES7SF2:3

綺一兩～三

2000ES7SF1:3

～錢百七十

99ES16SF2:3

～千五

亾部

0550

亾

6

2000ES9SF3:18

初～

2000ES9S:15

毋令得逐～

匸部

0551

匹

3

2000ES14SF2:5

布～

2000ES9SF4:22

布一～

匚部

0552

匪

2

99ES16ST1:14A

莫～（非）新土

99ES16ST1:14A

【莫】～（非）新臣

瓦部

0553 瓦

1

2000ES9SF3:12 ~箕

弓部

0554 張

13

99ES16ST1:11A 五官~掾

2000ES7S:4A ~掖大守

2000ES9SF4:32 子~

张 2000ES9SF3:6 第十卒~同

99ES16ST1:12 隧長~孝

0555 彊

3

99ES17SH1:26 恭朴~

99ES17SH1:10 隊長徐~

0556 弩

13

2000ES9SF3:14 檠~

99ES17SH1:5A 石具~

99ES17SH1:5B 石具~

0557 發

2

2000ES7SF1:1B ~書

弦部

0558

弦

6

2000ES7S:15A

承～一完

2000ES7S:15B

第七隧系承～一完

第十三　糸部——力部

糸部

0559 糸

2

2000ES7S:15A

～承弦一

0560 級

2

2000ES9S:8

截頭百五～

0561 約

4

2000ES9SF3:1

火品～

2000ES9SF4:22

～至八月錢必已

0562 給

2

99ES16ST1:6

～爲它事

0563 終

1

2000ES7SF1:84

～古隧長

0564 紅

1

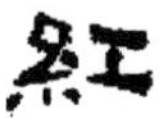

2000ES7SF1:113

～焉

0565	0566	0567	0568	0569	0570	0571	0572
緣	纍	繩	絮	績	絜	繆	綏

1	2	1	1	1	1	1	1

2000ES9SF3:15A 毋~	累 2000ES7SF1:13 居延~山里	2000ES9SF3:14 白~	2000ES14SF2:5 ~十斤	2000ES9SF4:23A 考~	2000ES7S:33 五~憲君	2000ES9SF4:24 上下~力	2000ES7SF1:17 ~和二年

0573 紶

1

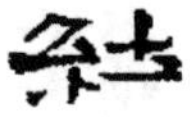

紶 2000ES9SF4:23A 考績～

虫部

0574 强

2

2000ES9SF3:5 ～弱相扶

2000ES7SF2:4B 非常～滄

0575 蜀

1

99ES16ST1:15A 困～

䖵部

0576 蚤 重

2

2000ES7S:16A ～（早）食

0577 蝱

5

虻 2000ES14SF1:1B 稾～矢

99ES16SF1:3 稾～矢

它部

0578 它 (10)

2000ES7SF1:25A ～逆當死

2000ES7SF1:79 得～膏

99ES16ST1:11A 以～爲解

二部

0579 二 (87)

99ES17SH1:1 河平～年

2000ES7SF1:106 十～日

2000ES7SF1:85A 永始三年～月

2000ES9SF3:23A 膠～鞮

2000ES9SF3:12 瓦箕～

2000ES9SF3:14 卌～完

2000ES14SF2:8 ～百卌石

2000ES14SF2:4 脂～斤

99ES16SF2:7A 第十～

2002ES12SH1:2 長～丈

2002ES12SH1:2 大～韋

99ES17SH1:2 出入兩行～百

0580 亟 (2)

2000ES14SF1:3 令史～遣

0581 凡 (7)

2000ES9S:8 ～截頭百五級

2000ES7SF1:14 ～六石二斗九升

2000ES7SF1:32 ～七百

土部

0582 土	0583 地	0584 均	0585 在	0586 㘴
5	11	3	14	7
 2002ESCSF1:2 ～五光	 2000ES7SF1:4 塱～表	 2000ES9SF3:5 ～富	 2000ES14SF2:7 皆～	 尘 2000ES7SF1:27B 孫卿～前
 圡 2000ES9SF4:11 國～人民	 2000ES9S:2 始建國～皇上	 2000ES9SF3:5 十一月丁酉～	 2000ES9SF3:4C 皆～	 2000ES7S:3A 子嚴～前
 99ES16ST1:14A 普天莫匪新～	 99ES17SH1:23B ～且毋之高惲		 2000ES14SF1:4 即不～	 2000ES7S:12A 次仲～
	 2000ES7S:3B 威伏～再拜			
	 2000ES7SF2:2B 永伏～言			
	 2000ES7SH1:30 伏～再拜請			

0587
封

2

2000ES9SF4:8
～伋爲揚威公

0588
城

4

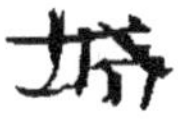
2000ES9SF3:5
附～滿

2000ES7SF1:86A
省～倉

0589
塞

14

2000ES9SF3:4B
肩水～

99ES18SH1:1
治築壞～缺

2000ES7S:12A
勞～上

0590
堊
1

2000ES7SF1:2A
～焉介山

2000ES9S:10
～下用縛

0591
塢
6

2000ES9S:10
～下用縛

2000ES7S:22
上～

0592
壥
3

99ES17SH1:10
～少八石

2000ES9SF4:42
載～廿石

里部

0593
里

24

2000ES7S:4A
鄉亭市～

2000ES9SF3:5
～附城滿

2000ES9SF3:21
扶恩義～劉登

2000ES11SH1:1
新～

2000ES7SF1:13
累山～

田部

0594 田

13

99ES16SF2:1
張齊～十三畒

2002ESCSF1:6
～章

2002ESCSF1:6
～章天下

0595 畒 重

2

99ES16SF2:3
八十七～

0596 略

2

2000ES9SF3:5
均富之方～

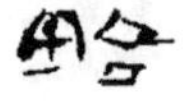
2000ES9SF3:4B
～得焦鳳牛

0597 當

23

2000ES7SF1:1B
罪～死

2000ES7SF1:93
～適載赤

2000ES7SF1:40
卒王～

2002ESCSF1:2
己辟除道莫敢義～

99ES16ST1:16
獨～會月十五

2000ES7SF1:31
自～年

2000ES7SF1:28
自～子小

0598 畱

2

99ES16ST1:17
皆如牒～

0599 畜

2

2000ES7S:11
訟～生飲食事

男部

0600 男

3

99ES16ST1:9
居延～子

99ES18SH1:2
～女之會

力部

0601 力

4

2000ES9SF4:24
上下繆～

2000ES9SF3:19
～六石

0602 功

10

2000ES9S:20A
下～

2000ES9SF3:3
～（攻）亭

2000ES9SF4:23A
自言～勞者

2000ES7SH1:1
～令

0603	0604	0605	0606
助	勉	勞	劾

1	2	4	1
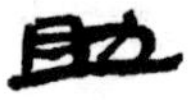 2000ES9SF3:3 拔劍～卒	 2000ES9SF3:18 ～行	 2000ES7S:12A ～塞上  2000ES9SF4:23A 自言功～者	 99ES16ST1:21 ～寫

第十四 金部——亥部

金部

字號	字頭	篆文	字數	字形及出處
0607	金	金	4	 2000ES9SF3:4C 到～關西門下； 2000ES9SF3:4C 在～關不得相聞； 2000ES9S:20A 黄～
0608	銅	銅	7	 2000ES9SF3:9A ～鍭； 2000ES14SF1:1B ～鍭； 99ES16SF1:3 ～鍭； 2000ES9SF3:9B ～鍭； 2000ES7SF2:130 ～鍭
0609	録	録	1	 2000ES9SF4:13 謹～移
0610	錯	錯	2	 2000ES9SF4:23A 舉～時
0611	錢	錢	20	 2000ES7SF1:3 直～百七十； 99ES17SH1:6A 受～； 99ES16ST1:19 當～

0612 鏃

7

2000ES7SF1:17 出～

99ES17SH1:2 ～四百

99ES16SF1:3 銅～

2000ES9SF3:9A 銅～

2000ES9SF3:9B 銅～

2000ES7SF1:130 銅～

0613 鐂

1

劉 2000ES9SF3:21 扶恩義里～登

0614 鉼

2

2000ES7SF1:40 ～庭隧卒

0615 鍿

1

2000ES9SF3:11 小～

几部

0616 重 處

6

2000ES9SF4:24 竭忠～國

2000ES7S:4A 顯見～

且部

0617

且

3

99ES17SH1:23B

地～毋之高惲

2000ES7SF1:79

～有得它實

斤部

0618

斤

7

2000ES14SF2:4

脂二～

2000ES9S:20A

黄金九十～

2000ES7SH1:8

肉十～

2000ES14SF2:5

絮十～

0619

斧

1

2000ES7S:22

長～

0620

所

19

2000ES9SF3:8

～作治

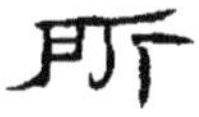

2000ES7SH1:29

～指走

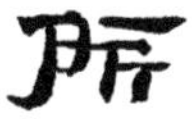

2000ES9SF4:17A

治～

99ES16ST1:11A

有～驗

99ES17SH1:8

～作治

2000ES7SF2:2B

君公令從～來

0621 新

4

2000ES9SF4:20A
府令~常承用

99ES16ST1:14A
定號爲~

2000ES11SH1:1
宜~里

0622 斬

1

2002ESCSF1:6
田章~君耳

斗部

0623 斗

17

2000ES7S:2B
封土一~

2000ES7SF1:29B
米三~

2000ES7SF1:10
三石三~

2000ES7SF1:14
六石二~

0624 升

11

2000ES7SF1:65
三石三斗三~

2000ES7SF1:10
三石三斗三~

2002ES18SH1:7
三石三斗三~少

車部

0625 車 4

2000ES7SF1:21 ～父

99ES17SH1:34B 十九～

0626 輒 5

99ES17SH1:20 隧長～宿

99ES16ST1:1 趣～

0627 載 6

2000ES9SF3:10 ～轉

2000ES7SF1:93 適～

2000ES9SF4:21 ～居延鹽

0628 軍 6

2000ES7S:13 將～騎吏

2000ES9SF4:8 拜爲虎耳將～

2000ES14SF2:6B ～當以廿七日

0629 轉 7

2000ES7SF1:5 ～射

2000ES9SF3:13 ～射

2000ES9SF3:10 載～

0630 輩 1

2000ES9SF3:4C 前～

0631 斬 2

2000ES9S:8 捕～

99ES18SH1:1 姦人惡之～

0632 輔 3

99ES16ST1:5 ～廣士卒

2000ES7SF1:26B 隧卒王～

𠂤部

0633 官  32

2000ES9SF3:10 甲溝～

2000ES7SF1:1B 明～哀

99ES16ST1:11A 五～

99ES17SH1:3 ～令史完卿

𨸏部

0634 陽  7

2000ES7SH1:26 掾～

2002ES18SH1:8 涇～

99ES16SF3:1A ～朔元年

0635 附  1

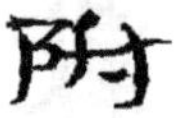
2000ES9SF3:5 里～城滿

0636 陳  1

輒 2000ES7SF1:88A 卒～

0637 除  8

99ES16SF3:1A ～沙

2002ESCSF1:2 辟～道

2000ES7SF1:31 ～筭

𨸏𨸏部

0638 𨸏遂𨸏

小篆：𨸏遂𨸏　99

隧　99ES17SH1:20　~長

2000ES7SF1:13　~長

隊　2000ES9SF3:9A　第九~

0639 重 隧

小篆：隧　25

隊　2000ES9SF3:12　第九~

2000ES9SF3:14　第九~

2000ES9SF3:16B　第九~

2000ES14SF2:4　第十四~

2000ES7S:15A　第七~

2000ES7SF1:1A　~卒

99ES16SF2:2　~長

99ES17SH1:4A　第十六~

2000ES7S:14A　第七~

99ES17SH1:10　~長

2000ES9SF3:23A　第九~

2000ES9SF4:21　吞遠~

四部

0640 四

四

28

2000ES9SF4:18B
二月廿～

2000ES14SF2:4
第十～

2000ES7S:11
十～

2000ES9SF3:4A
建武～年

99ES17SH1:2
錢～百

0641 重 三

三

6

2000ES9SF4:13
第～候長

2000ES9SF4:30
～月壬申自取官

五部

0642 五

X

72

2002ESCSF1:2
～光

99ES16SF3:2
酒錢廿～

2000ES7SF1:1A
建平～年

2000ES9SF4:17A
居攝三年～月

2000ES9S:8
截頭百～級

2000ES7SH1:1
第卌～

99ES16SF1:4
建昭～年

99ES16SF2:7A
第十二奉～百

99ES17SH1:8
十～日

2000ES7SF1:32 錢百～十

99ES16SF2:3 直千～

六部

0643
六

59

99ES16SF3:2 第十～

99ES17SH1:4A 第十～隊

2000ES7SF1:17 錢千三百～十

99ES17SH1:5A ～石具

2000ES9S:2 年～十

2000ES7SF1:13 泉～百

七部

0644
七

60

2000ES7SF1:19 第～隧

99ES17SH1:1 第十～部

2000ES7SF1:32 凡～百

2000ES7SF1:3 茭百～十

99ES17SH1:38 第十～候

2000ES7SF1:3 直錢百～十

九部

0645
九
九
47

2000ES9S:20A
黄金～十斤

2000ES9SF4:33
～日

2000ES9SF3:9A
第～隊

2000ES9SF3:12
第～隧

2000ES9SF3:4A
建武四年～月

2000ES9SF3:23A
第～隧

2000ES9SF3:9B
第～隧

2000ES9SF3:14
第～隧

2000ES9SF4:13
～月

内部

0646
萬
萬
10

2000ES9SF3:5
方略～端

2000ES7S:16A
起～萬

0647
禹
禹
1

2002ESCSF1:2
邑～

甲部

0648

甲

𠇤

41

2000ES9SF3:9B
居延～渠

2000ES9SF3:10
～溝官

2000ES9SF3:9A
居延～渠

2000ES7SF1:13
～渠

2000ES7SF1:13
居延～渠

乙部

0649

乙

𠃉

17

2000ES9SF4:18A
正月～酉

2000ES7SF1:72
～

99ES16SF3:1A
三月～亥

2000ES7SH1:12
九日～酉

2000ES7SF1:1A
九月～亥

丙部

0650

丙

丙

14

2000ES9SF4:27
～壬

99ES16SF2:1
～申入

99ES16ST1:11A
五月～子

丁部

0651 丁

12

2000ES7SF1:9A ～

99ES16ST1:11A 會～丑

2000ES9SF3:5 一月～酉

戊部

0652 戊

20

2000ES9SF3:4A 九月～子

2000ES9SF3:3 閉户重關下～

2000ES9SF4:17A 五月～午

99ES16SF1:4 五年正～午

0653 成

4

2000ES9SF4:24 安大化～

99ES17SH1:8 ～敢言之

99ES16SF2:3 里郭隧～

己部

0654 己

15

2000ES7SF1:3 二月～未

99ES17SH1:38 閏月～卯

2000ES7SF1:85A 二月～酉

庚部

0655 庚

（篆）庚 12

99ES16SD1:6 申～

2002ESCSF1:18A 八月～戌

辛部

0656 辛

（篆）辛 9

2002ESCSF1:18B ～亥

2000ES7S:3B ～未

辛 2000ES9SF4:27 乙～

0657 辭

（篆）辭 1

99ES16ST1:17 謹驗問～（辭）

壬部

0658 壬

（篆）壬 18

2000ES7SF1:79 ～癸

2000ES7S:4A 十一月～戌

2000ES9SF3:2 ～戌

癸部

0659

癸

19

2000ES9SF4:26

十月丁～

2000ES9SF3:2

三月～亥

2000ES9SF4:28B

～巳

子部

0660

子

37

99ES16ST1:11A

五月丙～

2000ES9SF3:4A

九月戊～

99ES18SH1:1

晏～合曰

2000ES7SF1:2A

故～推徒梗鬼食

99ES18SH1:1

～先治

2000ES7SF1:28

～小女長

2000ES7SF1:20A

毋以願～

2000ES7SF2:1A

～春再反

2000ES9SF3:4B

羌女～

2000ES9SF4:32

～張母

0661

季

3

2000ES7SF2:4A

～恭

99ES16ST1:19

～即不在

𠫓部

0662 育

1

2000ES9SF3:2 隧長～

丑部

0663 丑

7

99ES16ST1:11A 丁～旦

2000ES14SF1:1A 九月癸～

99ES16ST1:10 己～

卯部

0664 卯

9

2002ESCSF1:5A ～東南

99ES17SH1:38 閏月己～

99ES16ST1:22 癸～

辰部

0665 辰

8

2000ES7SF1:89B 庚～

2002ESCSF1:5A 西北凶～

2000ES7SF2:2A 戊～

巳部

0666

巳

20

2002ESCSF1:5A
~東毋行

2000ES9SF4:8
~（已）鼓

99ES17SH1:8
皆~（已）畢

2002ESCSF1:2
~（已）辟除道

0667

㠯

49

以 2000ES7SF1:3
~三月禄償

2000ES7SF1:44
證爰書~

2000ES7SF1:85A
~私印兼行

2002ESCSF1:2
利~行

2000ES7SF1:37
~書付

2000ES9SF4:23A
千石~下

午部

0668

午

12

99ES16SF1:4
戊~

2000ES9SF4:17A
五月戊~

2002ESCSF1:5A
~東北有

未部

0669

未

23

99ES16SD1:6
～申庚

2000ES7SF1:3
二月己～

2000ES9SF4:32
子張母～到

2000ES7SF2:2A
九月乙～

申部

0670

申

12

2000ES7SH1:11
甲～二日

2000ES9SF4:30
三月壬～自取

2002ESCSF1:5B
第～

酉部

0671

酉

12

99ES16ST1:10
乙～

2000ES9SF3:5
十一月丁～

0672

酒

2

99ES16SF3:2
～錢廿五

0673

醫

2

2000ES9SF4:14
請～診治

酉部

0674 重

尊

2

2002ES18SH1:7
廿一隧王～

戌部

0675

戌

12

2002ESCSF1:18A
八月庚～

2000ES7S:4A
十一月壬～

2000ES9SF3:2
壬～

亥部

0676

亥

14

99ES16SF3:1A
三月乙～

2000ES7SF1:1A
九月乙～

2002ESCSF1:18B
辛～

2000ES9SF3:2
三月癸～

合文

0001 申入

1

99ES16SF2:1

丙～

0002 亭市

1

2000ES9SF4:1

鄉～里顯見處

筆畫序檢字表

一　本檢字表，供檢索《額濟納漢簡字形譜》單字的所有字頭和字頭下的俗寫異體用，由此可檢閲到相關字頭下的全部内容。由於合文數量較少，故不再附於本檢字表中。

二　表中被檢字首先按筆畫排列，筆畫相同的字再按筆順（一、丨、丿、丶、乙）之序排列。

三　每一字頭之後是該字在字形譜中的字頭序號——四位阿拉伯數字或四位阿拉伯數字加「重」。例如：「甲　0648」表示「甲」的字頭序號爲「0648」。

四　鑒於有些字頭和字頭下的俗寫異體較爲生僻，爲便於檢索，本檢字表專門列出了與這些生僻字所對應的通行體，即通過檢索某一生僻字所對應的通行體，也可檢索到該生僻字。具體詳《凡例》第十四條。

一畫
一 0001
乙 0649
二畫
二 0579
十 0099
丁 0651
七 0644
丄 0005
八 0038
入 0249
人 0368
九 0645
乃 0225
力 0601
又 0146
马 0328
三畫
三 0012
干 0097
士 0016
土 0582
下 0008重
丌 0218
丈 0100
大 0464
上 0006重
小 0036
口 0047
山 0436
千 0101
亾 0550
及 0151
久 0266
凡 0581
之 0288
己 0654
巳 0666
子 0660
也 0543
女 0533
刃 0207
四畫
亖 0641重
王 0013
井 0239
天 0003
夫 0469
元 0002
圡 0582
廿 0103
木 0268
五 0642
支 0157
不 0503
匹 0551
比 0394
瓦 0553
止 0065
少 0037
曰 0222
日 0314
中 0018
内 0250
水 0484
牛 0043
手 0519
午 0668
毛 0408
壬 0658
升 0624
仁 0369
化 0390
斤 0618
反 0152
介 0039
父 0148
今 0245
凶 0343
公 0040
月 0322
戶 0508
六 0643
方 0413
火 0457
为 0145
斗 0623
心 0474
尹 0150
夬 0149
尺 0412
丑 0663
以 0667
予 0190
毋 0541
五畫
未 0669
正 0071
功 0602
去 0236
世 0106
丗 0105

札 0280
可 0227
丙 0650
左 0220
右 0147
石 0441
布 0366
戊 0652
平 0229
北 0395
目 0173
旦 0321
且 0617
甲 0648
申 0670
田 0594
史 0155
㠯 0667
叩 0058
四 0640
生 0292
矢 0252
付 0376
伋 0370
白 0367
尘 0586
令 0429
用 0172
印 0430
卯 0664
外 0326
冬 0501
主 0238
市 0257
立 0470
半 0042
氾 0489
它 0578
必 0041
永 0499
司 0428
民 0542
出 0289
奴 0537
召 0051
母 0535
幼 0189

六畫

卌 0105
吉 0054
考 0406
辻 0074
地 0583
耳 0515
朴 0273
臣 0162
吏 0004
再 0188
西 0506
戍 0675
在 0585
百 0180
有 0324
戌 0544
死 0194
成 0653
至 0504
此 0070
光 0461
同 0359
肉 0195
年 0336
朱 0272
先 0415
伏 0387
延 0093
仲 0371
任 0383
自 0177
血 0237
后 0427
行 0094
合 0244
匈 0433
名 0049
交 0466
衣 0401
次 0420
亥 0676
充 0414
羊 0181
并 0393
米 0341
汗 0495
守 0350
安 0346
冐 0202
聿 0158
丞 0134
如 0539
糸 0559

七畫

吞 0048
扶 0523
走 0060
折 0029重
孝 0407
均 0584
卌 0104
苣 0027
李 0269
車 0625
更 0168
束 0295
酉 0671
辰 0665
步 0069
时 0315
見 0416

助 0603
里 0593
男 0600
困 0298
邑 0307
告 0046
利 0205
私 0332
兵 0135
何 0374
作 0378
佗 0373
近 0084
坐 0586
免 0388
角 0210
言 0107

辛 0656
羌 0183
弟 0265
沙 0491
完 0348
究 0355
良 0260
君 0050
即 0240
张 0554
壯 0017
附 0635

八畫

奉 0133
武 0547
表 0402
長 0443

拔 0529
者 0179
其 0217重
取 0153
苦 0021
若 0025
范 0030
直 0549
枉 0275
枚 0274
東 0287
或 0545
臥 0399
事 0156
兩 0360
奈 0465
柰 0338

來 0262
到 0505
郅 0311
非 0502
肯 0202
虎 0233
具 0136
昌 0319
門 0509
典 0219
忠 0476
知 0254
物 0044
和 0053
季 0661
使 0384
佰 0377

卑 0154
所 0620
舍 0246
金 0607
斧 0619
受 0191
周 0055
京 0258
府 0437
卒 0404
庚 0655
辛 0656
於 0185重
劾 0606
育 0662
券 0206
炊 0458

法 0452重
河 0485
治 0488
宗 0353
定 0345
宜 0351
官 0633
肩 0197重
建 0092
居 0409
弦 0558
承 0527
狀 0453
亟 0580
姓 0534
始 0538
弩 0556

九畫

春 0033
持 0524
封 0587
城 0588
指 0520
甚 0221
茭 0026
故 0165
胡 0199
南 0291
相 0174
威 0536
研 0442
厚 0259
面 0425
耐 0444重
殄 0193
垩 0590
皆 0178
省 0176
削 0204
昧 0316
是 0072
明 0325
昨 0318
曷 0223
品 0095
拜 0521重
重 0398
便 0382
皇 0015
泉 0497
鬼 0435
侵 0379
禹 0647
追 0082
律 0091
後 0089
食 0241
負 0302
勉 0604
急 0480
計 0115
京 0258
哀 0056
亭 0256
迹 0073
庭 0438
亲 0418
虿 0577
前 0066
逆 0078
宣 0344
冠 0358
軍 0628
扁 0096
祝 0011
屋 0410
屎 0411
韋 0264
除 0637
姦 0540
怒 0481
癸 0659
蚤 0576重
紆 0573
紅 0564
級 0560
約 0561

十畫

耕 0209
秦 0338
匪 0552
捕 0530
馬 0446
起 0063
都 0308
亞 0586
華 0293
恭 0478
莫 0035
莊 0019
桓 0277
索 0290

連 0081
悳 0482
原 0498重
逐 0083
致 0263
冓 0066
時 0315
畢 0187
財 0299
晏 0317
恩 0479
缺 0251
造 0077
乘 0267
射 0253重
躬 0354重
徒 0074

徐 0088
倉 0248
脂 0200
卿 0431
留 0598
記 0121
畝 0595重
高 0255
郭 0312
衺 0402
病 0357
疾 0356
部 0310
竝 0473
旁 0007
畜 0599
恙 0483

兼 0340
朔 0323
酒 0672
被 0403
書 0160
陳 0636
通 0079
紘 0573

十一畫

責 0304
焉 0186
推 0522
挃 0532
教 0170
掖 0531
菅 0033
萧 0022

梗 0271
桼 0294
斬 0631
專 0164
曹 0224
敕 0169
新 0622
堅 0161
頃 0391
虛 0396
處 0616重
閉 0511
閇 0511
問 0052
異 0139
略 0596
唬 0057

累 0566
國 0297
朙 0325
過 0076
移 0333
第 0214
偕 0375
倏 0380
偉 0372
得 0090
從 0392
欲 0419
脫 0198
猛 0454
訟 0124
設 0120
減 0496

章 0129
竟 0130
商 0098
望 0397
盖 0024
羕 0500
渠 0494
深 0487
梁 0282
宿 0352
視 0417
殹 0192重
敢 0192重
尉 0459
張 0554
將 0163
陽 0634

《説文》序檢字表

一　本檢字表，供檢索《額濟納漢簡字形譜》單字的所有字頭和字頭下的俗寫異體用，由此可檢閲到相關字頭下的全部内容。由於合文數量較少，故不再附於本檢字表中。

二　表中被檢字見於《説文》者，按大徐本《説文》字序排列，分别部居；未見於《説文》者，按偏旁部首附於相應各部後。

三　每一字頭之後是該字在字形譜中的字頭序號——四位阿拉伯數字或四位阿拉伯數字加「重」。例如：「甲　0648」表示「甲」的字頭序號爲「0648」。

一部
一　0001
元　0002
天　0003
吏　0004
丄部
丄　0005
上　0006重
旁　0007
下　0008重
示部
禄　0009
福　0010
祝　0011
三部
三　0012
王部
王　0013
閏　0014
皇　0015
士部
士　0016
壯　0017
丨部
中　0018
艸部
莊　0019
蘭　0020
苦　0021
蕭　0022
萧　0022
藥　0023
葢　0024
盖　0024
若　0025
茭　0026
苣　0027
薪　0028
折　0029重
范　0030
蓬　0031
葆　0032
萅　0033
春　0033
蔀　0034
茻部
莫　0035
小部
小　0036
少　0037
八部
八　0038
介　0039
公　0040
必　0041
半部
半　0042
牛部
牛　0043
物　0044
犆　0045
告部
告　0046
口部
口　0047
吞　0048
名　0049
君　0050
召　0051
問　0052
和　0053
吉　0054
周　0055
哀　0056
唬　0057
叩　0058
吅部
單　0059
走部
走　0060
趣　0061
越　0062
起　0063
趙　0064
止部
止　0065
歬　0066
前　0066
歸　0067
癶部
登　0068
步部
步　0069
此部
此　0070
正部
正　0071
是部
是　0072
辵部
迹　0073
迏　0074

徒 0074
隨 0075
過 0076
造 0077
逆 0078
通 0079
遣 0080
連 0081
追 0082
逐 0083
近 0084
遠 0085
道 0086
彳部
復 0087
徐 0088
後 0089

得 0090
律 0091
廴部
建 0092
㢟部
延 0093
行部
行 0094
品部
品 0095
冊部
扁 0096
干部
干 0097
㕯部
商 0098
十部

十 0099
丈 0100
千 0101
博 0102
廿 0103
卌 0104
卅部
卅 0105
丗 0105
世 0106
言部
言 0107
謂 0108
請 0109
謁 0110
諸 0111
謀 0112

謹 0113
詔 0114
計 0115
調 0116
警 0117
誼 0118
詡 0119
設 0120
記 0121
詣 0122
講 0123
訟 0124
讓 0125
證 0126
譚 0127
誩部
善 0128重

音部
章 0129
竟 0130
丵部
業 0131
對 0132
廾部
奉 0133
丞 0134
兵 0135
具 0136
𠬜部
樊 0137
共部
龔 0138
龏 0138
異部

異 0139
舁部
與 0140
興 0141
革部
靳 0142
鞮 0143
鬲部
融 0144
爪部
爲 0145
为 0145
又部
又 0146
右 0147
父 0148
夬 0149

完 0348
富 0349
守 0350
宜 0351
宿 0352
宗 0353
呂部
躳 0354重
穴部
究 0355
疒部
疾 0356
病 0357
冖部
冠 0358
冃部
同 0359

㒳部
兩 0360
网部
罪 0361
署 0362
巾部
幣 0363
幣 0363
幡 0364
㡒 0365
布 0366
白部
白 0367
人部
人 0368
仁 0369
伋 0370

仲 0371
偉 0372
佗 0373
何 0374
偕 0375
付 0376
佰 0377
作 0378
侵 0379
倏 0380
償 0381
便 0382
任 0383
使 0384
傳 0385
僞 0386
伏 0387

免 0388
⿰亻愈 0389
匕部
化 0390
匕部
頃 0391
从部
從 0392
并 0393
比部
比 0394
北部
北 0395
丘部
虚 0396
𡈼部
朢 0397

重部
重 0398
臥部
臥 0399
臨 0400
衣部
衣 0401
褢 0402
表 0402
被 0403
卒 0404
老部
壽 0405
考 0406
孝 0407
毛部
毛 0408

尸部
居 0409
屋 0410
屎 0411
尺部
尺 0412
方部
方 0413
儿部
充 0414
先部
先 0415
見部
見 0416
視 0417
親 0418
亲 0418

恙 0483
水部
水 0484
河 0485
漢 0486
深 0487
治 0488
汜 0489
滿 0490
沙 0491
溝 0492
瀆 0493
渠 0494
汗 0495
減 0496
減 0496
泉部
泉 0497
灥部
原 0498重
永部
永 0499
羕 0500
仌部
冬 0501
非部
非 0502
不部
不 0503
至部
至 0504
到 0505
西部
西 0506
鹽部
鹽 0507
戶部
戶 0508
門部
門 0509
閎 0510
閉 0511
閑 0511
關 0512
閱 0513
闋 0514
耳部
耳 0515
聖 0516
聽 0517
職 0518
手部
手 0519
指 0520
拜 0521重
推 0522
扶 0523
持 0524
攝 0525
聑 0525
掾 0526
承 0527
舉 0528
拔 0529
捕 0530
掖 0531
挃 0532
女部
女 0533
姓 0534
母 0535
威 0536
奴 0537
始 0538
如 0539
姦 0540
毋部
毋 0541
民部
民 0542
乁部
也 0543
戈部
戍 0544
或 0545
㦸 0546
截 0546
武 0547
我部
義 0548
乚部
直 0549
亾部
亾 0550
匸部
匹 0551
匚部
匪 0552
瓦部
瓦 0553
弓部
張 0554

张 0554
彊 0555
弩 0556
發 0557
弦部
弦 0558
糸部
糸 0559
級 0560
約 0561
給 0562
終 0563
紅 0564
緣 0565
纍 0566
累 0566
繩 0567

絮 0568
績 0569
絜 0570
繆 0571
綏 0572
紝 0573
紸 0573
虫部
强 0574
蜀 0575
䖵部
蚤 0576重
蠭 0577
䖟 0577
它部
它 0578
二部

二 0579
亟 0580
凡 0581
土部
土 0582
圡 0582
地 0583
均 0584
在 0585
垔 0586
尘 0586
封 0587
城 0588
塞 0589
坙 0590
塢 0591
⿰土惡 0592

里部
里 0593
田部
田 0594
畝 0595重
略 0596
當 0597
畱 0598
畜 0599
男部
男 0600
力部
力 0601
功 0602
助 0603
勉 0604
勞 0605

劾 0606
金部
金 0607
銅 0608
録 0609
錯 0610
錢 0611
鏃 0612
鐂 0613
劉 0613
鉼 0614
鐕 0615
几部
處 0616重
且部
且 0617
斤部

斤 0618
斧 0619
所 0620
新 0621
斬 0622
斗部
斗 0623
升 0624
車部
車 0625
輒 0626
載 0627
軍 0628
轉 0629
輩 0630
斬 0631
輔 0632

𠂤部
官 0633
𨸏部
陽 0634
附 0635
陳 0636
䡌 0636
除 0637
𨺅部
䜴 0638
隧 0638
隊 0638
䜸 0639重
隊 0639重
四部
四 0640
亖 0641重

五部
五 0642
六部
六 0643
七部
七 0644
九部
九 0645
内部
萬 0646
禹 0647
甲部
甲 0648
乙部
乙 0649
丙部
丙 0650

丁部
丁 0651
戊部
戊 0652
成 0653
己部
己 0654
庚部
庚 0655
辛部
辛 0656
辛 0656
辥 0657
壬部
壬 0658
癸部
癸 0659

子部
子 0660
季 0661
𠫓部
育 0662
丑部
丑 0663
卯部
卯 0664
辰部
辰 0665
巳部
巳 0666
㠯 0667
以 0667
午部
午 0668

未部
未 0669
申部
申 0670
酉部
酉 0671
酒 0672
醫 0673
酋部
尊 0674重
戌部
戌 0675
亥部
亥 0676